SAMMLUNG TUSCULUM

BABRIOS

FABELN

Griechisch-deutsch

Herausgegeben und übersetzt
von Niklas Holzberg

DE GRUYTER

ISBN 978-3-11-062165-5
e-ISBN (PDF) 978-3-11-062218-8

Library of Congress Control Number: 2019933823

Bibliografische Information der Deutschen Nationalbibliothek
Die Deutsche Nationalbibliothek verzeichnet diese Publikation in der Deutschen Nationalbibliografie; detaillierte bibliografische Daten sind im Internet über http://dnb.dnb.de abrufbar.

Für Einbandgestaltung verwendete Abbildungen:
Cologny (Genève), Fondation Martin Bodmer, Cod. Bodmer 5: 3v/4r
(www.e-codices.unifr.ch)

Satz im Verlag
Druck und Bindung: Hubert & Co. GmbH & Co. KG, Göttingen

♾ Gedruckt auf säurefreiem Papier
Printed in Germany

www.degruyter.com

FSC www.fsc.org
MIX
Papier aus verantwortungsvollen Quellen
FSC® C016439

FÜR KAI BRODERSEN

INHALT

EINFÜHRUNG

In der gesamten Weltliteratur dürfte es keinen Autor von hohem künstlerischen Rang geben, der von der zuständigen Wissenschaft, in diesem Falle der Gräzistik, so hartnäckig vernachlässigt (ja im Grunde ignoriert) wurde wie der besonders durch sein Erzähltalent und seinen skurrilen Witz faszinierende Fabeldichter Babrios. Immerhin lassen sich ›entlastende‹ Erklärungen finden: Seine beiden in der frühen römischen Kaiserzeit entstandenen Gedichtbücher wurden erst 1842 in einer mittelalterlichen Handschrift, die in einem Kloster verborgen war, entdeckt und 1844 veröffentlicht, und diese ist defekt: Sie enthält einen an vielen Stellen nicht vertrauenswürdigen Text, und es fehlt darin die zweite Hälfte von Buch 2. Deshalb war es in den ersten Jahrzehnten nach dem Erscheinen der Editio princeps zweifellos die vordringlichste Aufgabe der Babrios-Philologen, sich mit den Methoden der Textkritik um die Rekonstruktion des Originalwortlauts zu bemühen. Diese Arbeit, an der sich prominente Kodikologen wie Karl Lachmann beteiligten, zog sich dann auch noch länger hin, weil bis weit ins 20. Jahrhundert hinein immer wieder neue Textzeugen für einzelne Fabeln zutage traten, welche die Zahl der seit 1844 vorliegenden Fabeln vermehrten sowie abweichende Lesarten und z. T. sogar ganze Verse in alternativen Versionen lieferten. Aber der Vorgang war bis 1935 abgeschlossen, und dennoch widmete sich die erste in einer modernen Sprache geschriebene Babrios-Monographie, die 2001 erschien – bis dahin existierte lediglich eine lateinische Dissertation von 1879, die zudem in einer Zeitschrift publiziert wurde (Otto Crusius, *De Babrii aetate*) –, allein der Textkritik: John Vaio, *The Mythiambi of Babrius: Notes on the Constitution of the Text*. Nun ist es allerdings bei Babrios unumgänglich, dass man sich vor der Lektüre seiner Fabeln wenigstens einen Überblick über die Textzeugen verschafft. Denn erst dann kann man verstehen, warum einige Fabeln bruchstückhaft in den Editionen abgedruckt sind und einzelne Verse bei den Herausgebern einen unterschiedlichen Wortlaut aufweisen. Ein solcher Überblick, der sonst Teil des Abschnitts über die Rezeption eines Autors ist, eröffnet daher diese Einführung.

Zwischen dem Athos und New York

Bei der 1842 gefundenen Handschrift – sie gehörte zur Bibliothek des Klosters Megisti Lavra auf dem Athos – handelt es sich um die einzige bisher auf uns gekommene, die als Ausgabe der Babrios-Fabeln konzipiert ist. Die beiden darin enthaltenen Bücher werden jeweils durch eine Vorrede eingeleitet, und sie präsentieren die Texte in einer an den Anfangsbuchstaben orientierten alphabetischen Reihenfolge, wobei Buch 1 (= Nr. 1–107) mit Fabeln endet, die mit dem Buchstaben Λ beginnen, und Buch 2, das mit Vers 1 von Fabel 123 (Anfang mit O) abbricht, bis zum Ω gereicht haben dürfte. Der mittelalterliche Kodex stammt aus dem 10. Jahrhundert, wird heute in der Londoner British Library unter der Signatur Addit. 22087 aufbewahrt und allgemein als Athous (A) bezeichnet. Schon 1810 waren aus einer Handschrift des 14. Jahrhunderts, dem Vaticanus Graecus 777 (V), der Fabeln diverser griechischer Autoren vereinigt, einzelne Babrios-Texte veröffentlicht worden. Aber erst 1894 wurden die hier aufgeschriebenen zwölf Fabeln, die im Athous fehlen, zusammen mit diesem Kodex textkritisch verlässlich ediert und als Nr. 124–135 gezählt: in der Teubneriana von Otto Crusius, die bis 1986 die Standardedition darstellte. Sie enthält zusätzlich sechs nach 1844 als babrianisch identifizierte Fabeln, denen die Loeb-Bilingue Ben Edwin Perrys 1965 zwei weitere sowie die Teubneriana von Maria

Jagoda Luzzatto und Antonio La Penna 1986 wiederum eine hinzufügen konnten, so dass wir jetzt 144 Versfabeln des Babrios lesen können. Von einem Teil der übrigen Texte des Dichters – es dürften 60 bis 70 gewesen sein – lassen uns antike und mittelalterliche Prosabearbeitungen wenigstens den Inhalt erkennen. Sie sind über Kodizes des 14./15. Jahrhunderts verteilt, deren bedeutendsten, den in Oxford aufbewahrten Bodleianus (Bodl. Auct. F.4.7), 1877 der Wiener Gymnasiallehrer Pius Knöll musterhaft edierte. Der gesamte ›Prosa-Babrios‹ konnte gewinnbringend für die textkritische Ausgabe der Versfabeln herangezogen werden. Darüber hinaus stützte man auf den dort gebotenen Wortlaut Rekonstruktionen verlorener Fabeln, die sowohl Crusius als auch Luzzatto und La Penna in ihre Editionen aufnahmen. Hier aber ist denn doch vieles zu unsicher, als dass es sinnvoll hätte erscheinen können, diese Texte – die jüngere Teubneriana enthält 21 – in die vorliegende Bilingue mit aufzunehmen.

Wichtiger als die Prosaparaphrasen sind Textzeugen, die uns Versfabeln des Babrios außerhalb des Athous und des Vaticanus Graecus 777 überliefern. 1893 kaufte der niederländische Marineoffizier H. van Assendelft in Palmyra von einem Araber sieben Wachstäfelchen, die, im 3. Jahrhundert n. Chr. offensichtlich von der Hand eines Schuljungen beschrieben, außer den Fabeln 43, 78, 91, 97, 117 und 121 vier bis dahin allein durch Prosaparaphrasen bekannte Babrios-Fabeln (= Nr. 136–139) sowie vv. 2–7 von Nr. 123 enthalten, z. T. freilich nur in Bruchstücken; sie befinden sich heute als *Tabulae ceratae Assendelftianae* in der Bibliothek der Rijksuniversiteit Leiden (Π_2). Aus dem Umfeld des antiken Unterrichts, in dem Fabeln als moralisch belehrende Texte gelesen wurden, stammen auch zwei Papyri, die 1901 und 1906 unser Wissen über den Babrios-Text erweiterten: 1. der heute in der New Yorker Morgan Library aufbewahrte Papyrus Amherst II 26 des 3./4. Jahrhunderts (Π_3), auf dem 11,1–9, 16 und 17 im Original sowie 11 und 16,3–10 in lateinischer Übersetzung stehen; 2. der

Pariser Papyrus Bouriant 1 des 4. Jahrhunderts (P.Sorbonne inv. 826 = Π_4), der u. a. einen von der Version des Athous stark abweichenden Text von vv. 1–11 des Prologs zu Buch 1 bietet. Unser ältester Textzeuge ist der im späten 2. oder frühen 3. Jahrhundert geschriebene Papyrus Oxyrhynchus X 1249 (Cambridge University Add. MS 5901 = Π_1) mit den fragmentarischen Texten von 25,1, 43,19, 110,1–4 und 118,1–4.6–11. Er wurde 1914 publiziert, und 1935 folgten noch die Fabeln 142–144, die der aus Grottaferrata in Italien stammende, 1908 in die New Yorker Morgan Library gelangte Codex Novoeboracensis 397 (G) auf den Blättern 108^r–112^v zusammen mit 31 auch im Athous stehenden Fabeln enthält. Nr. 140 und 141 bei Luzzatto/La Penna sind in den grammatischen Übungsstücken des Ps.-Dositheus aus dem frühen 3. Jahrhundert bzw. (nur vv. 1–9) in Buch 9 der *Mythologia* des Natalis Comes (Natale Conti) von 1581 zitiert. Wie deutlich geworden sein dürfte, ist die Babrios-Überlieferung geradezu chaotisch, und das macht das bisherige Ausbleiben literaturwissenschaftlicher Interpretationen einigermaßen verständlich.

Für Editoren des Babrios-Textes ergibt sich aus der Parallelüberlieferung zu den Fabeln des Athous das bereits kurz angesprochene Problem, dass sie sich mit z. T. beträchtlichen Diskrepanzen in der Wiedergabe einzelner Verse und einige Male sogar mit unterschiedlich langen Fabeln konfrontiert sehen. Die Forschung früherer Zeiten und Vaio bevorzugten in der Regel Lesarten, welche älter sind als die entsprechenden im Athous oder ihnen inhaltlich eher passend erschienen; so neigten sie dazu, einerseits die Varianten der Textzeugen des 2.–4. Jahrhunderts, andererseits der *Suda*, eines im 10. Jahrhundert verfassten byzantinischen Lexikons, das rund 100 Babrios-Verse zitiert, zu bevorzugen. Die Teubneriana von Luzzatto/La Penna dagegen vertraut stärker dem Athous und hält sich mit Emendationen dieses Textes zurück. Grundsätzlich ist dem Verfahren der beiden italienischen Editoren zuzustimmen. Denn zum einen sieht es deutlich danach aus, dass dem vom Athous präsentierten Text mit seinen zwei von je einem Prolog eingeleiteten Teilen der Fabelsammlung, wie noch gezeigt werden soll, eine für antike Gedichtbücher charakteristische Struktur zugrunde liegt; folglich geht er sehr wahrscheinlich auf eine dem Original besonders eng verwandte Werkedition zurück. Zum anderen muss man damit rechnen, dass die Fabelversionen des Babrios, obwohl sie eine für die Gattung gänzlich untypische Freude ihres Autors am Fabulieren und Pointieren erkennen lassen, also einen vergleichsweise hohen literarischen Anspruch erheben, in der Schule einseitig zu Moralexempeln umfunktioniert und partiell im Wortlaut mit Rücksicht darauf verändert wurden. Das dürfte schon bald nach der Veröffentlichung der Sammlung (vermutlich) in der zweiten Hälfte des 2. Jahrhunderts n. Chr. geschehen sein, und deshalb kann man nicht ohne Weiteres voraussetzen, in den Textzeugen des 2.–4. Jahrhunderts sei, wenn sie vom Athous des 10. Jahrhunderts abweichen, der authentische Babrios bewahrt. Hier ist alles sehr unsicher, aber methodisch scheint es mir legitim, sich textkritisch primär an der einzigen auf uns gekommenen ›Werkausgabe‹ zu orientieren und dabei die künstliche Herstellung eines Mischtextes zu vermeiden. In der vorliegenden Bilingue wird daher lediglich dann vom Wortlaut des Athous abgewichen, wenn begründeter Verdacht besteht, dass er emendiert werden muss.

Fabeln ohne fabula docet?

Vor eine spezielle textkritische Schwierigkeit stellt uns die Frage, ob die in den Texten überlieferten Passagen, in denen der Fabelerzähler aus einer Geschichte eine Lehre entwickelt, von Babrios stammen oder von der Zeit an, als seine Sammlung zum Schultext wurde, hinzugefügt wurden. Eine ›Moral von der Geschicht'‹ gehört seit den für uns greifbaren Anfängen der Gattung in Griechenlands archaischer Literaturepoche zu den festen Elementen der Texte. Ursprünglich nur in einen Dichtungs- oder Prosatext als Exempelgeschichte eingelegt, lehrten Fabeln die vom Hörer oder Leser aus dem ›Präzedenzfall‹ zu ziehenden Konsequenzen für sein Handeln. So kommentiert Herodot (ca. 485–425 v. Chr.) die von Kyros den Ionern und Aiolern erzählte Story vom Flötenspieler – er lockt Fische vergeblich durch sein Musizieren an, fängt sie daraufhin mit einem Netz und sagt den Zappelnden, jetzt sollten sie nicht tanzen, da sie das ja auch zur Flöte nicht taten – wie folgt: Der König habe dies vorgetragen, weil die Ioner seine einstige Bitte, von Kroisos abzufallen, nicht erfüllt hätten, aber jetzt nach Eroberung Lydiens sich Kyros unterwerfen wollten (1,141). Solche didaktisch instrumentalisierten Geschichten, für deren Archegeten die Griechen den von ihnen ins 6. Jahrhundert v. Chr. datierten Sklaven Aisopos (Äsop) hielten, vereinte Demetrios von Phaleron (2. H. 4. Jh. v. Chr.) in einem Promptuarium, dem Redner, Dichter und Schriftsteller die Fabeln als narrative Exempel für diverse literarische Zusammenhänge entnehmen konnten. Ein Vorwort, das die durch eine Fabel transportierte Lehre möglichst kurz artikulierte, das Promythion, ging ihr als eine Art ›Label‹ voraus, ein Epimythion, das die Lehre etwas ausführlicher resümierte, rundete sie ab. Beide Formen der sittlichen Unterweisung erscheinen fast regelmäßig in der ältesten erhaltenen Versfabelsammlung, derjenigen des römischen Dichters Phaedrus (2. H. 1. Jh. n. Chr.), sei es jeweils ein Typ oder beide zusammen als Umrahmung, während die älteste erhaltene Sammlung von Prosafabeln, die ohne Autorangabe überlieferte griechische Collectio Augustana (2./3. Jh.) – zu ihr später mehr –, sich mit einem Epimythion begnügt. Dort wird es stets angehängt, die Textzeugen der Babrios-Sammlung dagegen, die ebenso nur Epimythien kennen, beenden keineswegs jede Fabel damit, und da liegt das Problem.

In den 122 Fabeln des Athous finden sich 77 in Prosa verfasste Epimythien, die zweifellos nicht von Babrios stammen. Was aber ist mit den in 1 bis 4 Versen geschriebenen 61 Epimythien, die sich über alle 144 erhaltenen Babriana verteilen? Lediglich drei von ihnen, 11,10–12, 43,16–19 und 136,23 f., stehen gleichfalls auf Papyrus bzw. Wachstafeln, sind also antik, aber auch hier könnte es sich wie bei den Prosaepimythien des Athous um Zusätze handeln. Im Vaticanus Graecus 777 und im Novoeboracensis wiederum fehlt die angehängte Lehre einigen Fabeln, die im Athous eine solche aufzuweisen haben. Mehrere Textkritiker des 19. Jahrhunderts erklärten diese moralischen Auslegungen der ihnen vorausgeschickten Geschichten, die z. T. ausgesprochen schulmeisterlich und trivial klingen, für unecht. Aber das stützten sie einfach auf ihr Wunschdenken, während jüngere Textanalysen bis zu Vaios Buch von 2001 die fraglichen Verse sorgfältig vor allem auf ihre sprachliche und metrische Gestalt hin prüften und allein diejenigen Epimythia als spätere Hinzufügungen ansahen, die nicht mit dem übereinstimmen, was wir von Babrios gewohnt sind. Inhaltliche Kriterien spielten dabei kaum eine Rolle; sie wurden höchstens dann berücksichtigt, wenn, wie im Falle von Fabel 103, der bekannten Geschichte vom Fuchs, den vor der Höhle des Löwen die nur hineinführenden Fußspuren vom Eintreten abschrecken, die Lehre ganz und gar nicht zur gedanklichen Welt des Babrios passen; hier ist das Epimythion (vv. 20 f.) offenkundig christlich geprägt, und das darf man bei diesem Dichter ausschließen:

Μακάριος ὅστις οὐ προλαμβάνει πταίσας,
ἀλλ᾽ αὐτὸς ἄλλων συμφοραῖς ἐπαιδεύθη.
(Glückselig ist, wer nicht als erster gestrauchelt ist,
sondern selbst von den Leiden anderer gelernt hat.)

Gegen die rein sprachliche und metrische Argumentation kann man einwenden, jemandem, der eine Fabel um ein Epimythion erweiterte, könne durchaus ein täuschend echt babrianisch klingender Text gelungen sein; es besteht durchaus die Möglichkeit, dass mehr Epimythien als die zuletzt von Vaio als nicht-babrianisch angesehenen nicht von dem Dichter stammen. Die Fabelinhalte müssten somit künftig gewissenhaft in die Diskussion einbezogen werden. Das aber ist bisher kaum geschehen, was seinen Grund darin haben dürfte, dass die Erzählweise des Fabulisten noch kaum untersucht ist und deshalb nicht gefragt wurde, ob die narrative Struktur, die Babrios meist sehr kunstvoll konstruiert hat, überhaupt einen Anhang verträgt; so macht z. B. eine auffallende Ringkomposition der eigentlichen Geschichte einen handschriftlich überlieferten moralisierenden Nachklapp a priori mindestens verdächtig. Eines fällt immerhin auf: Fabeln, bei denen die Handlung mit der pointierten wörtlichen Rede einer agierenden Figur endet, münden auch im Athous nicht allzu häufig in ein Epimythion; meist steckt hier die ›Moral‹ in den Worten des Sprechenden. Daraus wird man aber keine Regel ableiten. Denn was hinderte Babrios daran, an Geschichten, die nicht mit wörtlicher Rede abschließen, gelegentlich eine auktoriale Bemerkung anzuknüpfen? Es empfiehlt sich nicht, von diesem im Vergleich mit allen sonstigen antiken Fabelerzählern sehr eigenwilligen Autor irgendein konsequent durchgehaltenes System zu erwarten. Denn er variiert auch stark mit seinen Formen der Narration, und so wird man über die Provenienz derjenigen Epimythien, für deren babrianische Herkunft besonders energisch eingetreten wurde – sie sind in die vorliegende Ausgabe aufgenommen –, erst dann überzeugende Wahrscheinlichkeitsüberlegungen anstellen können, wenn bei der einschlägigen Analyse sprachlich-metrischer Positivismus hinter einer auf die Erkenntnisse der moderne Narratologie gestützten Textinterpretation zurücktritt. Eines jedoch sei jetzt schon hervorgehoben: Im Gegensatz zu Phaedrus erklärt Babrios nirgendwo in seinen beiden Vorreden, bei ihm sei Unterhaltung mit Unterweisung kombiniert. Sehen wir also, was der Dichter in Vorrede 1, die seine gesamte Fabelsammlung eröffnet, über seine Wirkungsintention verrät.

Das dekonstruierte Goldene Zeitalter

Nach einer kurzen Zusammenfassung des Weltzeitaltermythos in der Nachfolge Hesiods und vermutlich auch Ovids (s. die Erläuterung zu v. 2) sagt der Dichter im Prolog zum ersten Buch, in der Goldenen Ära hätten alle Lebewesen sprechen können, und nennt als Beispiele u. a. den Fisch, der mit dem Schiff und dem Seemann geplaudert habe, sowie die Sperlinge, die sich mit dem Bauern unterhalten hätten. Außerdem hebt er hervor, die Sterblichen habe mit den Göttern Freundschaft verbunden, und das darf man aufgrund des zuvor Dargelegten ebenso für das Verhältnis zwischen Mensch und Tier voraussetzen. Über diesen paradiesischen Zustand soll der Adressat Branchos – zu ihm später mehr – sich nun belehren lassen; mit sittlicher Belehrung braucht der Leser also angesichts des friedlichen Miteinanders, das offenbar in allen jetzt zu erzählenden Geschichten gepflegt werden wird, nicht zu rechnen. Das scheint eine Bestätigung darin zu finden, dass der Fabulist, der in einem iambischen Metrum schreibt – auch dazu gleich Näheres –, nicht die Tradition der nach diesem Versmaß benannten Gattung weiterführt. Ihre ersten Vertreter, Archilochos (ca. 680–ca. 630 v. Chr.), Semonides (7. Jh. v. Chr.) und Hipponax (2. H. 6. Jh. v. Chr.), hatten als Iambographen Spott- und Schmähdichtung verfasst und, da ihre Angriffe u. a. moralisch fragwürdigen Personen galten, zumindest implizit gelehrt. Dieser ›Iambiker‹ dagegen bekennt sich, wenn ich seine Metaphorik richtig verstehe, zu einer durch Intertextualität und wohldurchdachte Formkunst geprägten Poesie (17 f.), in der er die »harten <Vers->Füße der bitteren (πικρῶν)

Iamben weich gemacht hat.« Und das Letztere dürfte so zu interpretieren sein, dass Babrios gerade nicht beabsichtigt, Pfeile der Schmähung und des Spotts zu verschießen.

Friedliches Miteinander aller Lebewesen? Gleich die auf den Prolog folgende Fabel 1 zeichnet ein konträres Bild: »Der Mensch« – so das erste Wort des Textes – tritt als erste handelnde Person auf, aber nicht, um sich mit einem Tier zu unterhalten, sondern als Jäger: Er dringt dem Löwen, der ihn zum Kampf, nicht zum Gespräch auffordert, mit einem Pfeil »tief ins … weiche Gedärm« ein. Der Pfeil wiederum ist doch das, was laut dem Prolog die Iamben nicht sein sollen. Denn einen »bitteren (πικρὸν) Boten« nennt der Löwe, der vor dem Menschen flieht und dabei vom Fuchs zu Mut und Standhaftigkeit ermahnt wird, das Geschoss in seiner die Fabel abrundenden wörtlichen Rede. Da das Tier sprechen kann, ist vorauszusetzen, dass die Szene im Goldenen Zeitalter spielt, aber nichts von dem, was man darüber seit Hesiod und jetzt erneut bei Babrios gelesen hat, trifft, wie man sieht, zu: Im vermeintlichen Paradies wird geschossen, in der nächsten Fabel gestohlen sowie an der Allwissenheit der Götter gezweifelt, und in der dritten wirft ein Hirte mit einem Stein nach einer ungehorsamen Ziege, wendet also Gewalt an. Und in diesen beiden Texten resümiert jeweils wieder eine Figur die Handlung. Indem wir durch eine Sequenz von drei Geschichten erstmals demonstriert bekommen, wie es im Goldenen Zeitalter ›in Wirklichkeit‹ zugegangen sei, wird der Mythos dekonstruiert: Die damalige Welt habe sich nicht von der, in der die Leser leben, unterschieden, sie war wie diese – so dürfen wir folgern – bereits »eisern«. Und die übrigen Fabeln werden das bestätigen. Das »lernt« (v. 14) der Adressat jetzt ebenfalls; er bedarf in einem derartigen ›Unterricht‹ zumindest nicht am Ende der drei ersten Fabeln einer explizit formulierten Lehre, und eine solche bietet auch kein Kodex. Die ›Epimythion-Frage‹ stellt sich hier also nicht. Aber eine andere ergibt sich aus meiner

Betrachtung der ersten vier Texte im Athous: Können wir davon ausgehen, dass der Kodex mit der Abfolge von Prolog und Fabel 1–3 eine von Babrios selbst geschaffene Gedichtsequenz bewahrt hat? Ist das angesichts der alphabetischen Anordnung der Texte denkbar? Die meisten Babrios-Forscher schließen das aus, denn sie machen einen anonymen byzantinischen Redaktor für die Aneinanderreihung von A bis Ω verantwortlich. Doch ich halte sie für ursprünglich, und das sei als Nächstes gezeigt.

Das ›trotzdem‹ kunstvoll strukturierte Gedichtbuch

Vorbild für die mit Hilfe des griechischen Alphabets organisierte Strukturierung der zwei Versfabelbücher – wenn sie denn, wie ich glaube, auf Babrios zurückgeht – könnte eine orientalische Tradition sein, die bis ins 2. Jahrtausend v. Chr. zurückreicht: Bereits in sumerischen Sammlungen sind Tiersprichwörter nach dem Wortzeichen am Anfang der einzelnen Texte gruppiert, wobei dieses jedesmal für ein Fabeltier steht. Babrios sagt zu Beginn der Vorrede zu seinem zweiten Buch, die Fabel sei eine Erfindung der alten Syrer, und damit deutet er vielleicht an, dass er eine nach dem genannten Prinzip angeordnete orientalische Fabelsammlung kannte. Sowohl bei ihm als auch in der Augustana-Sammlung, deren Texte ebenso alphabetisch aneinandergereiht sind – übrigens wies auch die aus der *Anthologia Graeca* rekonstruierbare Epigrammsammlung des Philippos von Thessalonike mit dem Titel Στέφανος (Kranz) ganz eindeutig eine ›alphabetisierende‹ Buchstruktur auf –, beginnen sehr viele Fabeln mit einem Tiernamen oder der Berufsbezeichnung eines Menschen, denen nicht der bestimmte Artikel vorausgeht. Es ist aber keineswegs der Fall, dass Fabeln mit einem solchen Incipit stets aufeinander folgen; so erscheinen unter den A-Fabeln die drei mit Ἁλιεὺς (Fischer) anfangenden als Nr. 4, 6 und 9. In einer der zwei byzantinischen Sammelhandschriften dagegen, die u. a. Babrios-Fabeln enthält, dem Codex Novoeboracensis (G), und in dem Bodleianus mit den Prosaparaphrasen, ist die alphabetische Anordnung vergleichsweise streng eingehalten. Daraus darf man schließen: Die Redaktoren solcher Anthologien ›korrigierten‹ das Gliederungssystem des Babrios. Und das dürfte geschehen sein, weil sie nicht bemerkten, dass seine beiden Fabelbücher Elemente der Komposition eines Gedichtbuches aufweisen, wie wir sie von den römischen Dichtern her kennen, unter ihnen Catull, Vergil, Horaz, Tibull, Properz und Ovid, und wie wir sie für griechische Epigrammbücher des Hellenismus und der Kaiserzeit zunächst nur analog erschließen konnten, bis der Poseidipp-Papyrus des 3. Jahrhunderts v. Chr. die Bestätigung lieferte. Zwei von den Charakteristika einer Bucharchitektur, die Babrios mit diesen Poeten gemeinsam hat, seien kurz ins Auge gefasst: Wie sie bezieht er immer wieder thematisch verwandte Gedichte durch gezielte Platzierung im Buch aufeinander, und er vernetzt sie durch einzelne auffallende oder sogar signifikante Wörter.

Im Rahmen einer Einführung kann ich keine Abhandlung über die Buchstruktur geben, sondern muss mich mit einem Beispiel für die Positionierung thematisch verwandter Gedichte innerhalb einer Gruppe begnügen. Eine solche formen die neun Fabeln am Schluss von Buch 1, in denen ein Löwe, nachdem er in Nr. 90–92 innerhalb eines jeweils von anderen Akteuren beherrschten Geschehens lediglich als bedrohlich dargestellt worden ist, auch selbst agiert: 95, 97–99, 102, 103 und 105–107. Wie man sieht, stehen dazwischen Fabeln ohne Löwe (96, 100, 101 und 104), aber sie sind in die Reihe integriert und verhindern zugleich Eintönigkeit, die durch eine Sequenz von 13 Löwenfabeln erzeugt werden könnte. So folgt der Fabel von Löwe, Fuchs und Hirsch (95), die durch ihre Überlänge von 101 Versen einen monumentalen Auftakt bildet, sicher nicht zufällig ein ›erholsamer‹ Vierzeiler (96), und der Wolf, der darin vergeblich einem

Widder gegenüber die Zähne fletscht, steht in Kontrast zu dem Löwen, dem es gerade im Schlussteil von 95 gelang, einen Hirsch zu zerfleischen. Die Trilogie 97–99 konstituiert sich aus zwei Geschichten, in denen der Löwe nicht erhält, was er begehrt – zunächst nicht den Stier zum Mahl, danach nicht eine junge Frau als Braut – und einem komischen Nachspiel: Als Voraussetzung für einen Bund mit dem Adler verlangt er dessen Flügel, aber auch die wird er schwerlich erhalten. In 100 und 101 tritt erneut der Wolf auf, und passenderweise geriert er sich in 101 als Löwe. 102 und 103 präsentieren uns den König der Tiere erst als sanft und gerecht gegenüber seinen Untertanen, dann aber als Hinterlistigen, der sie in seine Höhle lockt, um sie zu fressen. Während hier die nur hineinführenden Spuren vor ihm warnen, bekommt ein bissiger Hund in 104 zur Warnung vor ihm eine Schelle umgehängt. Schließlich die Löwentrilogie 105–107, die wieder sehr abwechslungsreich ist: In dem Sechszeiler 105 verspottet der Löwe den Wolf, in 106, wo er als Gastgeber einer großen Schar von Tieren in seiner Höhle fungiert, amüsiert er sich über den Affen, und 107 bildet ein die Reihe geradezu rührselig beendendes Gegenstück zu 95, wo der Löwe extrem negativ charakterisiert wurde: Jetzt verschont er eine von ihm gefangene Maus, die ihm dafür, als Jäger ihn gefangen haben, die Fesseln durchnagt.

Wenn es Babrios war, der diese Fabelsequenz als Finale des einen der beiden Bücher komponierte, warum entschied er sich dafür, obwohl er das Ende der ersten Hälfte des Alphabets erst mit den M-Fabeln erreicht hätte und doch z. B. bei Homer, einem der wichtigsten Vorbilder des Babrios, erst nach dem Buch M die eine von zwei Hälften der *Odyssee* abschließt? Das lässt sich einerseits gut damit begründen, dass Geschichten über den König der Tiere im Fabeluniversum einen Höhepunkt darstellen, der sich gut für ein Finale eignet; der Löwe tritt ja schon in der allerersten Fabel in einer gewissermaßen exemplarischen Konfrontation mit dem Menschen auf, wobei dort das Anfangswort ἄνθρωπος sicher nicht zufällig ebenso als Incipit der A-Fabeln wie der gesamten Fabelsammlung gewählt ist. Andererseits erscheint es sinnvoll, dass das mit M beginnende griechische Wort für Fabel, μῦθος, den Prolog zu Buch 2 und zugleich die zweite Hälfte der Sammlung eröffnet. Die unmittelbar darauf folgende Fabel (108), die von Stadtmaus und Landmaus, mit 32 Versen der zweitlängste der uns überlieferten Texte und dazu eines der besonders herausragenden Meisterwerke des Babrios, bildet wie Fabel 1 eine einprägsame Eröffnung; zudem schlägt sie durch die Figuren der zwei Mäuse eine Brücke zurück zur letzten Fabel von Buch 1, worin eine Maus dem Löwen, der im Finale des Buches dominiert, das Leben rettet. Außerdem erinnert der Kontrast, in dem der Wohnbereich der Landmaus, die »schlichte Erdscholle«, zu dem Luxus und zu den Gefahren der Stadt steht, an den Kontrast zwischen der friedlichen Idylle des Goldenen Zeitalters im ersten Prolog und der Verwundung des Löwen durch den Pfeil des Menschen in Fabel 1.

Nun aber zur verbalen Vernetzung von Fabeln im Gedichtbuchverbund! Wir sahen bereits den Bezug, den das jeweils signifikant verwendete Adjektiv πικρός zwischen dem ersten Prolog und der ersten Fabel herstellt. Wenn dann der Mensch zum Löwen in 1,7 f. sagt “γνώσῃ τί σοι ποιητόν ἐστιν” (Du wirst erkennen, was du zu tun hast), dürfte der aufmerksame antike Hörer bzw. Leser wahrgenommen haben, dass es von dem Bauern in v. 4 der nächsten Fabel heißt, er habe nicht gewusst, ὃ ποιήσει (was er tun sollte). Zufall? Das kann man natürlich nicht gänzlich ausschließen, aber eines gebe ich zu bedenken: In den erhaltenen Fabeln kommt ποιητόν als Verbaladjektiv nur in 1,8 vor, und die motivische Verwandtschaft der beiden zitierten Passagen ist zu auffällig, als dass sie von einem so sorgfältig am Text arbeitenden Dichter unbeabsichtigt geschaffen worden sein könnte. Überdies findet man Ähnliches mehrfach, etwa in Fabel 11 und 12, den einzigen Erzählungen im Athous, in denen von einem ins Geschehen eingreifenden δαίμων (Gottheit) die Rede ist (v. 4 bzw. 9), oder beim Übergang von Fabel 15 und 16: Im vorletzten Vers von 15 sagt der Thebaner zu dem prahlenden Athener: "πέπαυσο" (»Hör auf!«), im zweiten Vers von 16 die Amme zu dem weinenden Kleinkind: "παῦσαι" (»Hör auf!«). Auch Synonyme können eine motivische Verknüpfung bewirken, z.B. zwischen Fabel 78 und 79: In der ersten wird am Ende pointiert gesagt, die Götter seien von dem Raben beraubt worden (5: ἐσυλήθη), und die zweite beginnt mit der Alliteration Κρέας κύων ἔκλεψεν, die hervorhebt, dass eine Hündin ein Fleischstück gestohlen hat. Auf solche in meinen Augen unübersehbaren Wechselbezüge zwischen einzelnen Wörtern stößt man gleichfalls immer wieder in römischen Gedichtbüchern, weshalb ich nicht glauben will, sie könnten bei Babrios zufällig vorhanden sein. Catull und seine ›Kollegen‹ beziehen auch nicht selten Gedichte aufeinander, zwischen denen ein thematisch auf den ersten Blick nicht verwandter Text platziert ist; man denke etwa an die zwei berühmten Kussgedichte Catull 5 und 7. Eine Parallele dazu liefert Babrios z.B. mit den Fabeln 120 und 122: In der ersten gibt sich der Frosch als Arzt aus (v. 4 ἰατρός; 6 ἰατρεύει [er heilt]), in der zweiten fungiert der Wolf als solcher (15 ἰατρεύειν [heilen]), und schwerlich von ungefähr steht dazwischen der amüsante Vierzeiler über das kranke Huhn, dem die Katze (vergeblich) anbietet, es zu retten (121).

Natürlich entdeckt man nicht in jeder Fabel eine signifikante Formulierung, durch die sie mit einer anderen vernetzt wird, aber zum einen gab es ja traditionell mehrere Möglichkeiten, eine Kohärenz zwischen den Texten herzustellen, zum anderen fehlt bisher eine grundlegende Arbeit zur Bucharchitektur des Babrios. Dass die im Athous erkennbare sein Werk ist, gilt für mich, wie ich zu zeigen versucht habe, als sicher, zumal der Makrostruktur bei diesem Dichter, wie wir sehen werden, eine bis ins Kleinste durchdachte Mikrostruktur der einzelnen Fabeln entspricht. Schon jetzt sei im Zusammenhang mit meinen Beobachtungen zur Makrostruktur eines gesagt: Wortbezüge finden sich ebenso innerhalb der Fabeltexte, z. B. als Mittel einer Ringkomposition in Form einer betonten verbalen Verknüpfung von Anfang und Ende der Erzählung, die ihr Geschlossenheit verleiht. Aber wollte ich auch das durch Beispiele belegen, würde ich den Rahmen einer Einführung sprengen.

Ein hinkiambischer Aisopos

Bevor wir betrachten, welcher narrativen Techniken Babrios sich bei seinen Fabeln bedient, müssen wir danach fragen, an welchem Punkt der Gattungsgeschichte wir ihn einordnen können, und somit auch danach, was wir über ihn als realen Autor wissen. Das ist so gut wie nichts. Immerhin lässt sich eindeutig sagen, bis zu welchem Jahr er spätestens gelebt hat. Denn im grammatischen Werk des Ps.-Dositheus, dem die Fabeln des Babrios vorlagen, kann man lesen, dieses Opus sei 207 n. Chr. geschrieben worden. Aber ob der Dichter in das unmittelbar vorausgehende 2. oder schon ins 1. Jahrhundert zu datieren ist – sein Sprachgebrauch verbietet es, weiter zurückzugehen –, entzieht sich unserer Kenntnis. Einen Hinweis könnte geben, dass er im Prolog zu Buch 1 (vv. 2 und 10) und in 74,15 einen Branchos sowie im Prolog zu Buch 2 (v. 1) einen »Sohn des Königs Alexander« anredet, aber beide Personen sind trotz zahlreicher bisher von der Forschung angestellter Untersuchungen nicht zweifelsfrei zu identifizieren; Babrios sagt auch nichts, woraus man erschließen könnte, was mehrfach vermutet wurde: Die zwei Namen stünden für denselben Mann. Nun hat man gute Gründe dafür vorgebracht, dass die von Phaedrus in dessen Fabelsammlung apostrophierten Personen fingiert und ihre Namen sprechend sind. Daher darf man es für durchaus möglich, ja wahrscheinlich halten, dass Babrios von redenden Tieren und Gegenständen einem Herrn ›Heiser‹ (βραγχός) erzählt, sich also scherzhaft an jemanden wendet, dessen Name nicht nach uneingeschränkter Sprechfähigkeit seines Trägers klingt. Hinzu kommt dies: Kallimachos (um 320–nach 245 v. Chr.), von dem, wie noch zu zeigen sein wird, Babrios beeinflusst ist, überschrieb ein (nur fragmentarisch überliefertes) lyrisches Gedicht mit Branchos als dem Namen eines Apollonpriesters und gebraucht den Namen auch in seinem (ebenso z. T. verlorenen) vierten Iambos (v. 28), in den er die Fabel vom Rangstreit des Lorbeers mit dem Ölbaum integriert. Da er am Hof der Ptolemaier in Alexandria wirkte, liegt auch nahe, den »Sohn des Königs Alexander« nicht auf eine historische Gestalt zu beziehen, sondern als Symbolfigur für Verse anzusehen, die nach dem Vorbild der alexandrinischen Poesie gedichtet sind.

Was den Namen Babrios betrifft, nennen ihn erstmals Kaiser Julian (331–363) in seinem Brief 82 und Avian (um 400), Autor eines lateinischen Versfabelbuches, in seinem Prolog, worin er auch erwähnt, dass sein griechischer ›Kollege‹ zwei Fabelbücher verfasste; das ist ja ebenso dem Codex Athous zu entnehmen. Für den Namen Βάβριος geht man allgemein von lateinischem Ursprung aus, zumal lateinische Inschriften *Babrius* bezeugen. Daraus lässt sich freilich nicht erschließen, der Dichter habe in Italien gelebt; über seine Wirkungsstätte kann man also bestenfalls spekulieren. Wahrscheinlich dagegen machen Überlegungen zu den von ihm benutzten Vorlagen, dass er das Lateinische gut beherrschte. Die ältesten uns bekannten Versionen von zwölf seiner Fabeln finden sich bei zwei römischen Dichtern, die durchaus diese Texte ohne Vorlage konzipiert haben könnten: bei Horaz (65–8 v. Chr.), *Satiren* 2,3,314–320 und 2,6,79–117, denen Babrios 28 und 108 entsprechen, und bei Phaedrus, App. 24, 1,6, 1,22, App. 21, 4,10, 1,5, 3,7 und 4,14 sowie – nur in einer Prosabearbeitung überliefert – Romulus 23, die inhaltlich mit Babrios 3, 24, 27, 29,

66, 67, 100, 102 und 78 vergleichbar sind. Nun neigt man heute mehr und mehr zu der Auffassung, der jüngere der beiden Römer, Phaedrus, müsse seine Fabelbücher in der zweiten Hälfte des 1. Jahrhunderts n. Chr. verfasst haben, und wenn es zutreffen sollte, dass Babrios sie las und sich zum Vorbild nahm – es gibt durchaus gute Argumente dafür, das ernsthaft in Erwägung zu ziehen –, wäre der griechisch schreibende Fabeldichter ins 2. Jahrhundert zu datieren. Dazu wiederum passen andere Indizien. Mit der römischen Poesie verbindet die Fabeln des Babrios auch die Tatsache, dass seine Verse ein Merkmal aufweisen, mit dem er nicht in griechischer, sondern in römischer Tradition steht. Bei den Versen handelt es sich um Choliamben (Hinkiamben); hier zunächst das metrische Schema:

⏓ — ⏑ — ⏓ — ⏑ — ⏓ — — ⏓

Die Griechen bezeichneten diese Form von iambischem Vers als ›hinkend‹, weil auf den fünften Fuß als Ausklang ›abbremsend‹ ein Trochäus folgt, also die vorletzte Silbe lang, nicht, wie sonst immer, kurz gemessen wird. Während sich alle griechischen Iambographen außer Babrios damit begnügen, den ›Hinkefuß‹ durch Vokallänge anzuzeigen, setzt der Autor der Mythiamben, wie er seine Fabeln durch Kombination von μῦθος (Fabel) und ἴαμβος (was iambisches Gedicht bedeuten kann) nennt (Prolog 2,8), stets auch den Wortakzent auf die vorletzte Silbe. Ebenso verfahren die römischen Verfasser von Choliamben, unter ihnen Catull (ca. 87–54 v. Chr.) und Martial (ca. 40–102 n. Chr.), und das rückt Babrios wiederum der römischen Poesie nahe, ja man hat sogar eine ganze Reihe von Latinismen in seiner Sprache entdeckt.

Mit aller gebotenen Vorsicht können wir nunmehr Babrios in eine Chronologie der uns kenntlichen Autoren von Fabeltexten, die nicht kontextualisiert, sondern in Sammlungen vereinigt wurden, einordnen: Auf das im Hellenismus entstandene Promptuarium des Demetrios von Phaleron und (vermutlich) weitere

Repertorien dieser Art – eines ist fragmentarisch im Papyrus Rylands 493 in Manchester (CFA I 2, 187–189; s. S. 199) erhalten – folgten Ende des 1. Jahrhunderts n. Chr. die fünf Fabelbücher des Phaedrus in sechsfüßigen iambischen Versen, die nicht ›hinken‹, und im 2. Jahrhundert die zwei Bücher Mythiamben des Babrios; beide Dichter sagen jeweils im ersten Prolog, sie hätten einen Prosa-Aisopos versifiziert (vv. 1 f. bzw. 16), womit sie vermutlich ein Promptuarium meinen. Schließlich erschienen um 400 die von Avian in elegischen Distichen verfassten 42 Fabeln in einem Buch; diese sind, wie wir sehen werden, für Babrios wichtig, weil sie mehrere seiner Texte in lateinischer Bearbeitung an westeuropäische Leser vermittelten und somit international bekannt machten. Doch in welchem Verhältnis steht zu Babrios die griechische Augustana-Sammlung, die unter dem Namen des Aisopos 231 Prosafabeln vereint? Heute in der Bayerischen Staatsbibliothek in München befindlich (Codex Monacensis Graecus 564), wird sie nach ihrem früheren Aufbewahrungsort Augsburg benannt und dürfte ins 2./3. Jahrhundert, vielleicht sogar schon ins 1. Jahrhundert n. Chr. zu datieren sein. Sie könnte daher dem Dichter der Mythiamben als Vorlage gedient haben oder von ihm beeinflusst sein. Was zutrifft, lässt sich nicht entscheiden, aber da es zu 60 in der Sammlung überlieferten Fabeln bei Babrios Entsprechungen gibt, können die Augustana-Texte auf jeden Fall zu einem Vergleich mit ihren poetischen Äquivalenten herangezogen werden. Und dieser Vergleich zwischen dem prosaischen Aisopos und dem hinkiambischen ermöglicht uns Einblicke in die Erzähltechnik des Letzteren.

Der fabulierfreudige Fabulist

Beginnen wir mit einem Beispiel, der berühmten Fabel vom Fuchs und den Trauben, in der jeweiligen Adaption. Für den

Vergleich genügen die deutschen Übersetzungen; hier zunächst Augustana-Sammlung Nr. 15, dann Babrios 19:

Als der Fuchs, der Hunger hatte, an einem Weinstock Trauben hängen sah, wollte er sie haben und konnte es nicht. Da ging er davon und sagte zu sich selbst: »Sie sind unreif.«

So geben auch bei den Menschen manche, die aus Unvermögen gewisse Dinge nicht erlangen können, den Umständen die Schuld.

Die Trauben eines dunklen Weinstocks hingen
an einem Berghang. Die prall gefüllten sah
der gewitzte Fuchs und versuchte mehrfach,
mit den Füßen aufspringend, die purpurne Frucht zu berühren;
denn sie war reif und bereit für die Lese.
Aber als er sich umsonst abgemüht hatte – denn er konnte sie nicht erreichen –,
ging er daran vorbei, wobei er seinen Kummer so betrog:
»Die Traube ist sauer, nicht reif, wie ich glaubte.«

Der Prosatext sagt über den erzählten Vorgang nur das Wichtigste, und das in einer sehr schlichten Diktion. Er will offenkundig nicht mehr, als die aus der Geschichte zu ziehende Lehre allegorisch verifizieren, und lehnt sich deshalb vermutlich an den Stil des Promptuariums an, das lediglich als Mittel zum Zweck diente; vielleicht soll zugleich Aisopos, der vermeintliche Autor, der ein Sklave gewesen sein soll, in Kontrast zur anspruchsvollen Diktion kaiserzeitlicher Rhetorik als so ursprünglich und einfach wie möglich schreibend charakterisiert werden. In einer Einführung kann ich nicht im Einzelnen aufzeigen, wie Babrios in betont poetischer Sprache – was das Original betrifft (S. 70), begnüge ich mich damit, die effektvolle p-Alliteration in v. 2 und 4 f. hervorzuheben – die Szenerie und das Geschehen sehr anschaulich schildert. Erwähnt sei aber, dass der Dichter uns in die

Seele des Fuchses blicken lässt, ja sich mit dem Wort »Kummer« empathisch in sie hineinversetzt: Wir erleben einen exemplarischen Fall von Selbsttäuschung, und diese psychologische Sichtweise, die literarisch eher anspricht als die ethische Auslegung des Prosatextes, ist neben der Freude am ausmalenden Fabulieren ein typisches Element der babrianischen Schilderungskunst. Der Erzähler interessiert sich – das geht aus den Worten des Fuchses deutlich hervor – stärker für Psychologie als für Moral, und somit erübrigt sich ein Epimythion. Die Kodizes enthalten auch keines zu Babrios 19; im Athous liest man eines in Prosa, aber das kann nicht vom Dichter stammen.

Die Version des Babrios ist im Gegensatz zu derjenigen des Prosatextes in die drei Abschnitte Exposition – Haupthandlung – Schluss gegliedert. Dies ist die in den Versfabeln häufigste narrative Struktur, die man aber ebenso in den meisten Fabeln der Augustana-Sammlung beobachten kann. Zweiteilung – sie wird in der nur aus zwei Sätzen bestehenden Erzählung des Prosatextes durch Zusammenziehung von Exposition und Haupthandlung in Satz 1 bewirkt – findet sich gleichfalls in beiden Sammlungen, aber nicht so oft wie der Handlungsdreischritt. Da bei einem solchen oft das Hauptgeschehen in der Narration mehr Raum erhält als Exposition und Schluss, fühlt man sich an die Abfolge Akt I, Akt II–IV (= eigentliche Handlung) und Akt V im klassischen Drama erinnert. Dramatisch ist das Geschehen auch in Fabeln nicht selten, und erneut lehrt der Vergleich von Babrios- und Augustana-Texten, dass der Dichter darauf immer wieder größeren Wert legt als der Prosaerzähler. Man nehme etwa Babrios 50, die Geschichte von dem vor einem Jäger fliehenden Fuchs; diesem weist ein Holzfäller zwar ein Versteck zu, verrät ihn dann aber durch Gestik an den Jäger, und wird, als dieser trotzdem abzieht, von dem Fuchs dafür getadelt. Augustana-Sammlung Nr. 22 lässt allein den Fuchs zu Wort kommen, und das erst am Schluss des narrativen Teils mit einem kurzen

Satz. Bei Babrios hingegen formuliert der Fuchs seine Bitte um ›Asyl‹ in zweieinhalb Versen (2b–4), der Holzfäller sagt zum Jäger »Ich sah ihn nicht« (9) – das ist gerade in seiner Kürze ähnlich wirkungsvoll wie St. Peters »Ich kenne den Menschen nicht« in *Matthäus* 26,72 –, und die Fabel endet mit einem Dialog: Einen Vers spricht der Mann, drei Verse der Fuchs (vv. 15–18). Babrios' Version von ›Wolf und Lamm‹ (Nr. 89) enthält sogar eine Stichomythie: Während in Nr. 155 des Prosatextes nur zweimal der Wolf wörtlich zitiert und der Rest des Dialogs paraphrasiert wird, sprechen die zwei Tiere bei Babrios im Mittelabschnitt je 3 Verse im Wechsel, wobei das Lamm jedesmal eine Behauptung des Wolfes durch eine Gegenfrage widerlegt (vv. 4–9).

Im Vergleich mit Augustana-Sammlung 155 und Phaedrus 1,1 fällt auf: Babrios sagt eingangs im Gegensatz zu den beiden anderen Versionen nicht, Wolf und Lamm stünden an einem Fluss. Ein solcher Verzicht auf die Ortsangabe und andere Informationen innerhalb der Exposition ist bei dem griechischen Fabeldichter mehrfach zu verzeichnen. Denn seine Freude am Fabulieren, die soeben anhand seiner Fassung von ›Der Fuchs und die Trauben‹ im Vergleich mit Ps.-Aisopos Nr. 15 exemplifiziert wurde, äußert sich keineswegs immer darin, dass er eine von der aisopischen Tradition mehr oder weniger als Inhaltsparaphrase überlieferte Geschichte von Anfang bis Ende ausführlicher erzählt als der Autor eines Fabelpromptuariums. Oft ist es ihm wichtiger, ein Detail liebevoll zu schildern und so dem Leser möglichst anschaulich nahezubringen. Hier ein Beispiel: Im Wettstreit des Boreas mit Helios versuchen beide, einen Mann auszuziehen, der Windgott durch heftiges Anblasen, der Sonnengott durch Erzeugung von Hitze, und dieser hat damit Erfolg. In Prosafabel Nr. 46 geschieht vorher dies:

Boreas fing an und war ungestüm. Als der Mann mit der Kleidung dagegen hielt, setzte er ihm noch mehr zu. Der litt dann noch mehr unter der Kälte und nahm weitere Kleidung dazu, bis Boreas aufgab.

Das ist nichts weiter als ein äußerlich-technischer Bericht über das Geschehen; ganz anders wiederum Babrios, bei dem Boreas es nur einmal probiert (18,4–8):

Boreas nun blies zuerst wie aus Thrakien,
vermeinend, er werde mit Gewalt den, der ihn trug, berauben.
Doch der ließ ihn deshalb nicht umso eher los, sondern saß frierend
und alle Ränder ringsum mit den Händen um sich schnürend
da, wobei er den Rücken an einen Felsvorsprung lehnte.

Man bedenke: Es handelt sich hier um eine Episode innerhalb einer Fabel, die in der Regel nicht allzu ausführlich ist. Von den 58 Babrios-Texten, die man mit den entsprechenden in der Augustana-Sammlung vergleichen kann, haben 29 nur bis zu zehn Versen Länge, 26 bis zu 20; lediglich drei gehen darüber hinaus: 31, 72 und 129 mit 21 (+ 2 Epimythion), 22 und 25 Versen. Anders als in einer ganzen Reihe kürzerer Fabeln, in denen Babrios mehr auf Dramatisierung und/oder Detailschilderung und/oder – dazu unten Näheres – gezielte Pointierung als auf lineares Erzählen von Anfang bis Ende Wert legt, präsentiert er mit den drei genannten Fabeln veritable Kurzgeschichten; die jeweilige Augustana-Version (Nr. 165, 101 und 91) dagegen begnügt sich mit einer knappen Paraphrase des vorgegebenen Inhalts. Bei Babrios lesen wir in 31 ein Epos en miniature über den Krieg der Wiesel und Mäuse und betrachten in 72 die dramatische Szenenfolge eines Schönheitswettkampfes unter den Vögeln sowie in 129 den höchst theatralischen Auftritt eines Esels, der auf das Schoßhündchen seines Herrn eifersüchtig ist und diesen deshalb mit Liebesbekundungen attackiert. Während in 129 erneut psychologische Beobachtungskunst stark zur Geltung kommt – wir erleben das Geschehen aus der Perspektive des Esels –, erzeugt der Erzähler von Nr. 72 in einer Sequenz von acht einprägsamen Bildern – ausnahmsweise haben wir statt nur drei Teilen fünf – Spannung mit vorübergehender Retardation: 1. Iris ruft zum Wettbewerb (1–3a); 2. Die Vögel hören es und begehren die Gaben (3b–4); 3. Beschreibung einer Quelle am Austragungsort (5 f.); 4. Die Vögel machen sich dort schön (7–9); 5. Auftritt der Dohle mit fremden Federn (10–14: fast genau in der Mitte!); 6. Zeus ist bereit, ihr den Preis zuzuerkennen, aber die Schwalbe reißt ihr die erste Feder aus (15–17); 7. Obwohl die Dohle sie ermahnt, sie nicht zu denunzieren, zerrupfen sie nun fünf verschiedene Vögel, die wie im deutschen Kinderlied ›katalogisiert‹ werden, »und gleichermaßen die andern« (18–22a); 8. »Und die Dohle wurde als solche erkannt« (22b). Besonders wirkungsvoll beendet der kurze Satz eine relativ lange Erzählung und impliziert prägnant die Moral von der Geschicht', die daher nicht explizit formuliert werden muss; das Epimythion im Athous ist sicher spätere Ergänzung.

Auch in den meisten kürzeren der hier zunächst in den Blick zu nehmenden 60 Fabeln des Babrios zeigt sich, wenn wir sie neben die entsprechenden Versionen in der Augustana-Sammlung halten, immer wieder die Intention des Dichters, statt knapp und kunstlos erzählter Exempla eine richtige Story zu bieten. Auf der anderen Seite legt er es in 19 der auf uns gekommenen Texte darauf an, sich so kurz wie möglich auszudrücken, indem er sich bei der jeweiligen Narration auf vier Verse beschränkt. Diese Tetrasticha (8, 14, 29, 39, 40, 41, 54, 60, 73, 80, 81, 83, 90, 96, 109, 110, 113, 121, 133) weisen große Ähnlichkeit mit antiken Epigrammen auf, vor allem denjenigen Martials. Man nehme etwa folgenden (im Original in Elfsilblern geschriebenen) Vierzeiler (8,69), der im Hexameter ›Erwartung‹ weckt und im Pentameter ›Aufschluss‹ gibt, wie man es in der allgemein gebräuchlichen Terminologie Gotthold Ephraim Lessings (1729–1781) nennt:

Du bewunderst nur die Alten, Vacerra,
und lobst nur die toten Dichter.
Verzeih bitte, Vacerra, so viel
ist es mir nicht wert, nur um dir zu gefallen, zu sterben.

Vergleichen kann man die Erzählstruktur z. B. in Babrios 81: Hier wecken die von einem der beiden Dialogpartner gesprochenen Verse 1 und 2 die Erwartung, wie der andere reagieren werde, und der ›Aufschluss‹ ist dann ebenso überraschend wie amüsant:

Zum Fuchs sprach der Affe: »Der Grabstein, den du siehst,
steht da für meinen Vater und meinen Großvater.«
Der Fuchs sagte zum Affen: »Lüge, wie du willst,
der du kein Beweismittel für die Wahrheit hast.«

Der Vergleich mit Nr. 14 der Augustana-Sammlung macht besonders deutlich erkennbar, dass Babrios epigrammatisch erzählt:

Ein Fuchs und ein Affe gingen denselben Weg und stritten über edle Herkunft. Beide hatten viel vorzubringen, und als sie zu einigen Gräbern kamen, blickte der Affe dorthin und seufzte laut. Als der Fuchs nach dem Grund fragte, wies der Affe ihn auf die Grabmäler hin und sagte: »Soll ich denn nicht weinen, wenn ich die Grabsteine der Freigelassenen und Sklaven meiner Väter sehe?« Da sagte jener zu ihm: »Lüge nur, soviel du willst! Denn keiner von denen wird auferstehen und dich widerlegen.«

So geben auch bei den Menschen die Lügner dann am meisten an, wenn keiner da ist, der sie widerlegen könnte.

In diesem Falle erzählt die Prosafabel eine richtige Geschichte und zieht daraus wie immer eine Lehre. Babrios dagegen begnügt sich mit einem Kurzdialog, in dem Sprecher I denkbar knapp die Sprechsituation exponiert sowie sich selbst implizit charakterisiert und Sprecher II pointiert reagiert. Wie in der Augustana-Sammlung werden zwei Typen miteinander konfrontiert, der

Angeber mit dem Skeptiker, aber es bedarf bei Babrios keiner Geschichte und keines Epimythions: Die epigrammatische Darbietung bringt die moralsatirische Aussage, die auch in dem anderen Text steckt, meisterhaft konzis auf den Punkt.

Zu fünf von den Tetrasticha (39, 60, 81, 96, 121) gibt es parallele Fassungen im Prosa-Aisopos (62, 167, 14, 98, 7) und zu einem (29) bei Phaedrus (App. 21). Für die Inhalte der übrigen zwölf Vierzeiler ist die Babrios-Fabel jeweils unser ältester Textzeuge, und weitere Versionen rekurrieren eindeutig auf ihn. Dürfen wir also davon ausgehen, dass sie von ihm selbst stammen? Die äußere Form scheint, da sie als Typ in der Gattung singulär ist – Phaedrus hat nichts Vergleichbares aufzuweisen –, dafür zu sprechen, und sie wirken insofern ›babrianisch‹, als sie ganz besonders skurril sind; nehmen wir etwa Fabel 40:

Es überquerte einen Fluss, der reißende Strömung hatte,
ein buckliges Kamel; da musste es scheißen. Als aber der Kot
es überholte, sagte es: »Mir geht es wahrhaftig schlecht:
Schon hat das, was vom Hintern kommt, den Vortritt.«

Wenden wir uns also jetzt den Fabeln zu, bei denen die Möglichkeit besteht, dass Babrios sie ohne Rückgriff auf eine Vorlage schrieb, und verbinden damit Überlegungen zu der Frage, inwieweit sein Beitrag zur Gattung innovativ ist, er also wie Phaedrus auf dem »Pfad« des Aisopos eine »neue Straße« baute (3 Prolog 38).

Auf eigenen Wegen

Außer den zwei Fabeln, die schon Horaz erzählt, und den zehn Fabeln, die Babrios möglicherweise nur bei Phaedrus finden konnte, sind es noch vier, von denen ihm ältere Versionen vorgelegen haben können: für Nr. 128 § 13 f. in Xenophon (ca. 430–355 v. Chr.), *Erinnerungen an Sokrates* 2,7; für Nr. 88 die (verlorene)

Fassung des Quintus Ennius (239–169 v. Chr.), die Babrios entweder bei ihm selbst oder in der Wiedergabe des Aulus Gellius (geb. um 125/130 n. Chr.), *Attische Nächte* 2,29,3–16, gefunden haben könnte; für Nr. 62 Plutarch (ca. 45–120 n. Chr.), *Gastmahl der Sieben Weisen* 150 A–B und für Nr. 134 *Agis* 796 A von demselben Schriftsteller. Zieht man die Zahl dieser und der in Versionen der Augustana-Sammlung überlieferten Fabeln von derjenigen der erhaltenen Babrios-Texte ab, kommt man auf 67, zu denen uns keine ältere Parallele bekannt ist. Nun dürfte aber viel an Fabelliteratur von den Anfängen des Genres bis ins 1. Jahrhundert verlorengegangen sein, so dass wir bei den 67 Texten nicht zweifelsfrei entscheiden können, ob der Autor der Mythiamben eine bereits vorhandene Fabel adaptieren konnte oder nicht. Ein Kriterium für Originalität könnte die Skurrilität einer Geschichte sein, weil Babrios daran offenbar besondere Freude hatte, doch hier ist ihm der auch in manch anderer Hinsicht ähnliche Fabulist Phaedrus vergleichbar. Und gerade zu einer der skurrilsten Babrios-Fabeln, derjenigen über den Schwanz der Schlange, der statt des Kopfes vorausgehen möchte (134), haben wir, wie soeben kurz erwähnt, eine Parallele bei Plutarch (*Agis* 796 A). Aber ist es für die gerechte Würdigung eines Autors wie Babrios überhaupt sinnvoll, nach Originalität im stofflichen Bereich zu fragen? Bei den antiken ›belles lettres‹, für die man in erheblich höherem Maße als bei denen unserer Zeit Adaption von Texten voraussetzen kann, hat das oft zu subjektiven Qualitätsurteilen verleitet, vor allem in der ›German Quellenforschung‹ vergangener Tage, deren Vertreter nicht selten so weit gingen, ein poetisches Werk gegenüber seiner nicht mehr existierenden Vorlage abzuwerten. Interessant ist vielmehr, wie ein Autor seinen Prätext einem von ihm selbst entwickelten literarischen Konzept anverwandelt hat, und das gilt auch für den griechischen Fabeldichter.

Vergleicht man also nun die 19 Choliamben der Babrios-Fabel 134 mit der Prosaversion bei Plutarch, die in sieben Teubner-Zeilen lediglich eine Inhaltsangabe bietet, so gelangt man zu demselben Ergebnis wie beim Vergleich der 60 Mythiamben, zu denen es Paralleltexte in der Augustana-Sammlung gibt, mit den jeweiligen Äquivalenten: Es war offensichtlich Babrios, der aus der Erzählung eine dramatische und zudem höchst amüsante Szene schuf. Er lässt u.a. den Schwanz der Schlange mit ihren übrigen Gliedern einen kontroversen Dialog führen, berichtet danach anschaulich, wie der Schlangenkörper, vom Schwanz »in blinder Bewegung« mitgeschleppt, in einen Abgrund stürzt und sich den Rücken an Felsen zerschlägt; schließlich lesen wir, wie der Schwanz in den fünf Versen des Schlussworts den Kopf um Rettung bittet, wobei er für den Fall seiner Rückversetzung an den alten Platz künftige Unterordnung gelobt. Eine solche Darstellungsweise dürfen wir, wie ich zu zeigen versucht habe, als charakteristisch für diesen Fabulisten ansehen, und wir können sie in den 67 Fabeln, zu denen wir keine älteren Parallelen besitzen, mehrfach wiederfinden. Hervorgehoben seien auch hier die durch ihre Erzählkunst herausragenden Texte, die über 20 Verse umfassen: Nr. 124, eine spannende Szene mit den ›Plädoyers‹ erst eines Rebhuhns, dann eines Hühnchens für die Verschonung durch einen Vogelfänger, der einem unerwarteten Gast einen Braten servieren möchte (20 Verse); Nr. 75, die Geschichte von dem inkompetenten Arzt, deren sehr witzige Pointe Ausonius (ca. 310–ca. 400) die Anregung zur Bearbeitung in seinem vierten Epigramm geliefert hat (20 Verse); Nr. 12, der psychologisch sehr einfühlsam gestaltete Dialog Philomelas mit der in der Einsamkeit um Itys trauernden Prokne (22 Verse); Nr. 33 über die kluge List, durch die ein Bauer Dohlen und Stare, »Verderben für die Ackersaat«, wie Babrios durch Parodieren epischer Diktion formuliert, von seinem Feld vertreibt (24 Verse). Nr. 106, die mit 30 Versen drittlängste der erhaltenen Babrios-Fabeln, darf man als komischen Beitrag zu dem von Platon (427–347 v. Chr.) begründeten Genre des Berichts über ein Gastmahl betrachten:

Hier gönnt der Affe, der das Fleisch zuschneidet, dem Fuchs nur Aufgewärmtes, und als der Benachteiligte sich beim Löwen beschwert, schiebt der Trimalchio der Tierwelt seinem Trancheur den schwarzen Peter zu.

Stößt Babrios schon mit diesen und den bereits erwähnten Fabeln von über 20 Versen Länge an die Grenzen der Gattung, so überschreitet er sie mit den 101 Hinkiamben von Nr. 95, der Geschichte vom Fuchs, der den Hirsch zweimal in die Höhle des Löwen lockt und, als dieser den Hirsch beim zweiten Mal endlich fressen kann, unbemerkt dessen Herz stiehlt. Der Text erinnert, obwohl er nicht in Hexametern geschrieben ist, außer mit seinem großen Umfang auch durch narrative Struktur und Stil eher an ein Epyllion (Kurzepos) als an eine Exempelerzählung in aisopischer Tradition. Wenn Babrios Nr. 95 gleichwohl in seine Fabelsammlung aufgenommen hat, darf man fragen, welche besonderen Vorstellungen er vom Umgang mit der Gattung hat. Eine Antwort geben metapoetische Äußerungen in seinen beiden Prologen. Wie oben angesprochen, nennt Babrios als wichtige Elemente seiner Art der Fabel die folgenden zwei: das »Ausschmücken mit den Blüten [s]einer Erinnerung«, also Intertextualität, und das Ersinnen »honigtriefender«, also ästhetisch denkbar kunstvoller Poesie, der die Aggressivität der Iambographie fehlt (17–19). Das Zweite betont er abermals gegen Ende der zweiten Vorrede (14), nachdem er verkündet hat, er beschenke das Genre Fabel »mit einer neuen Muse«. Was er damit sagen will, drückt er durch ein Bild aus: Er habe der Inspirationsgöttin ein Schlachtross mit reinem Gold aufgezäumt (8). Wieder meint er damit offensichtlich die erlesene Formkunst seiner Dichtungsweise, und implizit nimmt er damit auf das Ideal der kallimacheischen Poetik Bezug. Denn der alexandrinische Dichter und seine Nachfolger in Hellas und Rom bemühten sich bewusst um eine bis ins Letzte ausgearbeitete Feinheit der Sprache, die archaisches und klassisches Pathos durch Witz und Ironie ersetzt und reich ist an Stilnuancen, Anspielungen und Pointen. Und im stofflichen Bereich bevorzugten Kallimachos und seine ›Schule‹ gegenüber der epischen Welt der Heroen diejenige des bürgerlichen und bäuerlichen Alltags, die ja im Fabeluniversum mit seinen Handwerkern, Landmännern, Fischern usw. einerseits und den Tieren als Allegorien für ›Menschen wie du und ich‹ andererseits gespiegelt ist.

Wie der Alexandriner entschied sich Babrios also für die ›kleine‹ Poesie in Abgrenzung von der ›großen‹ des Epos und der Tragödie über Könige und Kriege. Zur ›kleinen‹ gehörten z. B. die Iamben des Kallimachos, von denen zwei, 2 und 4, in Choliamben verfasst, je eine Fabel enthalten, die Geschichte vom Ursprung der Geschwätzigkeit der Menschen und den Rangstreit zwischen dem Lorbeer und dem Ölbaum. Hier knüpfte Babrios – das darf man annehmen – direkt an, nicht nur metrisch, sondern überdies mit drei eigenen Rangstreitfabeln (18, 64 und 65). Ein weiteres ›kleines‹ Genre, das Kallimachos und durch ihn beeinflusste Dichter pflegten, war das Epyllion, woraus sich erklären dürfte, dass Babrios seine Fabel 95 in die Nähe eines solchen rückte. Auch mit den Texteinheiten im Hauptwerk des Alexandriners, den *Aitia* (Ursprungsmythen), sind sechs der auf uns gekommenen Babrios-Fabeln typologisch verwandt (57, 58, 66, 73, 74 und 127); allerdings wurden Aitien schon vor dem Hellenismus als Fabeln erzählt. Sehr ähnlich sind ihnen im Bereich der Tiergeschichte ›zoologische‹ Texte, von denen uns einer, Nr. 35, unter den Mythiamben überliefert ist. Auch diese Fabel darf als spezifisch babrianisch gelten, wie wieder der Vergleich mit der entsprechenden Version der Augustana-Sammlung (218) nahelegt; ich zitiere aus ihr und dem poetischen Text jeweils den narrativen Teil:

Die Affen, sagt man, gebären zwei Junge, lieben das eine von ihnen und ernähren es mit Sorgfalt, hassen und vernachlässi-

gen aber das andere. Es geschieht nun gemäß göttlicher Fügung, dass das umsorgte stirbt, das gering geachtete jedoch aufwächst.

Zwei Söhne bringt die Äffin in ihren Wehen zur Welt,
aber nach der Geburt ist sie nicht die gleiche Mutter für sie,
sondern den einen von ihnen drückt sie in unglückseliger Zärtlichkeit
wärmend an ihre wilde Brust und erstickt ihn,
den anderen aber wirft sie als überflüssig und unnütz hinaus.
Und jener lebt, nachdem er in eine Einöde gegangen ist.

Wie man sieht, steht dem ›wissenschaftlichen‹ Prosatext eine poetische Erzählung gegenüber, die gut zu dem fabulierfreudigen Autor der Mythiamben passt.

Innovativ ist an den Fabeln des Babrios nicht, dass er sich in die Nachfolge des Kallimachos stellt – das kann man für Phaedrus ebenfalls zeigen –, sondern das Streben nach Präsentation der narrativen Texte als poetischer Kunstwerke. Ein solches lässt der römische Verfasser von Versfabeln in vergleichbarer Intensität nicht erkennen, zumal er immer wieder *brevitas* (Kürze) als ein wichtiges Charakteristikum seines Stils nennt. Gewiss, Babrios schreibt die hellenische Koine der Kaiserzeit und erreicht damit, auch wenn dieses aus dem Attischen entwickelte Griechisch bei ihm eine leichte ionische Färbung aufweist und damit das Bemühen um einen eigenen poetischen Stil verrät, kein so hohes ästhetisches Niveau wie die Dichtersprachen in der archaischen, klassischen und hellenistischen Epoche. Aber er erweitert seinen Wortschatz nach Kräften durch Lexeme, die er sich bei mehreren älteren Vertretern verschiedener poetischer Gattungen borgt. Besonders auffällig sind zahlreiche homerische Wörter und Wendungen, und solche setzt er offenkundig in parodistischer Absicht ein: Es wirkt komisch, wenn von einfachen Leuten, Tieren und Gegenständen sowie von den in das Fabeluniversum integrierten Unsterblichen wie von den Göttern und Helden der *Ilias* und *Odyssee* erzählt wird oder die Fabelfiguren wie diese reden. Analog ist der Effekt bei lexikalischen Entlehnungen aus archaischen Lyrikern, attischen Dramatikern und hellenistischen Poeten, welche die Babrios-Herausgeberin Maria Jagoda Luzzatto in Listen zusammengetragen hat (1975/76; s. S. 221). Bereits mit solchen stilistischen Spielereien verifiziert Babrios seine in den Prologen angekündigte Poetik der »Erinnerung« und der »honigsüßen« Darbietungsform. Doch es bleibt noch zu untersuchen, wieweit er mit Hilfe intertextueller Bezüge sein Publikum auch Verse und Verspartien in den poetischen ›Klassikern‹ oder solche als ganze zwischen den Zeilen ›mitlesen‹ lässt. Wie anfangs gesagt, verzeichnet die Geschichte des Babrios-Nachlebens seit der Wiederentdeckung seiner Fabelsammlung im Jahre 1842 fast nur textkritische Leser. Sehen wir also nun, ob es wenigstens in der Zeit unmittelbar nach dem Erscheinen der Mythiamben oder später Rezipienten gab, die den Autor dieser Texte literarisch würdigten.

Nachgeahmt, adaptiert und gefälscht – von der Antike bis ins 19. Jahrhundert

Die Textzeugen Π_2, Π_3 und Π_4 verraten uns, dass Babrios-Fabeln schon in der Antike im Elementarunterricht als moralisch belehrende Texte interpretiert wurden, und das setzte sich, wie der Athous mit vielen sehr wahrscheinlich von Schulmeistern hinzugefügten Epimythien belegt, bis in die byzantinische Ära fort. Aber rezipiert wurde der Dichter, wenn man seiner Behauptung in vv. 9–12 von Prolog II Glauben schenken darf, schon zu seinen Lebzeiten von ›Kollegen‹, die ihn imitierten, und selbst wenn er hier vielleicht Nachleben fingiert, so haben sich doch nachweislich wiederum in Byzanz Fabulisten von ihm zu eigenen

Produktionen anregen lassen, die sie in Daktylen und Iamben schrieben. Crusius hat die davon erhaltenen Reste im Anhang seiner Babrios-Teubneriana ediert; dort sind gleichfalls die zu Beginn des 9. Jahrhunderts n.Chr. von Ignatios, einem Diakon in Konstantinopel und späteren Metropoliten von Nikaia, in Anlehnung an Babrios verfassten iambischen Tetrasticha zusammen mit denjenigen seiner Nachahmer abgedruckt. Auch andere byzantinische Gelehrte rezipierten die Mythiamben und paraphrasierten einige davon, aber allen diesen Texten war keine Breitenwirkung beschieden. Sie liegen uns fast nur im Originalwortlaut vor (vgl. die Angaben bei van Dijk; s. S. 199); so enthält z.B. Johannes Irmschers mehrfach nachgedruckte Sammlung antiker Fabeln in deutscher Übersetzung lediglich die Vierzeiler des Ignatios. Babrios hatte jedoch schon um die Zeit der Reichsteilung von 395 das Glück, in den Westen des römischen Imperiums ›auswandern‹ zu können. Denn dort wurde er von einem Fabeldichter geschätzt, der einige der erstmals bei dem griechischsprachigen Dichter zu lesenden Texte in lateinischer Sprache bearbeitete und, weil er sich im Mittelalter und in der frühen Neuzeit größter Beliebtheit erfreute, der ganzen Welt bekannt machte: Avian (um 400).

Unter den 42 Fabeln dieses Autors finden sich 24 (1–7, 13–21, 23, 31–37), denen uns überlieferte Babrios-Fabeln als Vorlage dienten, für weitere darf man es aus dem Vergleich mit Paraphrasen im Codex Bodleianus (s. o. S. 11) erschließen, und es ist sehr wahrscheinlich, dass Babriana Prätexte auch für alle übrigen Avian-Texte waren. Der in lateinischen elegischen Distichen schreibende Dichter hatte freilich sein eigenes Konzept, weshalb dasjenige des Babrios, also dessen Verhältnis zum jeweiligen Stoff, dessen Erzählweise und dessen Art der Pointierung, beim Bearbeiter kaum noch zu erkennen sind; exemplarisch zeigt das der Vergleich von Babrios 109 mit Avian 3:

»Geh nicht krumm«, sprach zum Krebs seine Mutter,
und über den nassen Felsen schleppe nicht seitwärts die Glieder.«
Der aber sagte: »Mutter und Lehrerin, erst
gehe du gerade, und wenn ich es sehe, will auch ich es tun.«

Während rückwärts gehend schräg die Beine setzte ein Krebs,
verletzte er sich seinen rauen Rücken im Wasser, das voller Steine war.
Ihn soll die Mutter in dem Wunsch, dass er bequemen Schrittes vorwärts gehe,
mit den folgenden an ihn gerichteten Worten ermahnt haben:
»Nicht soll dir dieses Gehen auf Abwegen gefallen, mein Sohn,
noch wolle, dass deine Füße rückwärts auf die schiefe Bahn gehen,
sondern, im Bemühen um einen geraden Gang straff deine Beine setzend,
lenke sicher deine Schritte vorwärts auf dem Pfad.«
Zu ihr sprach der Sohn: »Ich will's tun, wenn du mir vorausgehst,
und der, die das Richtige mir zeigt, werde ich sicherer folgen.
Denn allzu töricht ist es, wenn du, wo du doch im Begriff bist, das Allerfalscheste zu tun,
als Zensor die Fehler eines anderen tadelst.«

Wie man sieht, wurde aus dem erfrischend kecken Krebs junior ein altkluger Musterschüler, der eine Oberlehrerin belehrt – man fühlt sich an die Situation erinnert, in der jemand betulich einen Witz länger nacherzählt, als er ist, um ihn zu erklären. Aber mittelalterlichen Lesern, die hier an das Gespräch eines Abtes mit einem jungen Mönch denken mochten, gefiel das so gut, dass vom 9. bis zum 16. Jahrhundert über 100 Avian-Handschriften entstanden. Auch gedruckt wurden immerhin 27 Fabeln im Originaltext mit deutscher Prosaübersetzung sehr früh, noch dazu in einem Buch, das eines der erfolgreichsten des 15./16. Jahrhunderts werden sollte: 1476/77 in Heinrich Steinhöwels *Esopus* zusammen mit den größtenteils auf Phaedrus-Fabeln basierenden Prosaparaphrasen eines Anonymus mit dem Pseudonym Romulus und anderen Fabel- und Geschichtensammlungen aus Antike, Mittelalter und Renaissance. So kam es, dass eine breite Leserschaft 14 Fabelinhalte, die wir in keiner älteren Quelle als den Mythiamben lesen (1, 20, 30, 37, 44, 56, 64, 65, 104, 109, 112, 120, 132, 140), im Laufe des 15./16. Jahrhunderts in mehreren Ländern Westeuropas kennenlernen konnte. Denn der *Esopus* wurde damals vollständig bzw. in Auszügen in 11 Sprachen übertragen, darunter Aztekisch, Isländisch und Japanisch. Speziell im deutschen Sprachraum sorgte ein besonders wirkungsmächtiger Geschichtenerzähler, der Nürnberger Schuhmacher und Poet Hans Sachs (1494–1576), für eine sehr weite Verbreitung: Er bearbeitete 18 der 27 Avian-Fabeln des *Esopus* in Meisterliedern und den durch Einzeldrucke und Flugblätter verbreiteten Spruchgedichten (1, 3, 5, 6, 8, 9, 11, 13, 15, 17, 18, 20, 22, 27–29, 33, 41). Auf diese Weise erreichten verdeutschte Adaptionen von Babrios 1, 6, 16, 65, 91, 109, 120, 123 und 139 überall im Reich Angehörige sozialer Schichten, die kaum oder gar nicht lesen und schreiben konnten: Sie hörten die Meisterlieder und sahen die Holzschnitte der Einzeldrucke, z. B. eine prachtvolle Illustration von Avian 5, der Adaption von Babrios 139 über den Esel in der Löwenhaut, auf einem Flugblatt von 1531 mit dem Sachs-Text unter der Überschrift *Nymandt prech sich hoher dann seinem standt gepürt, Er wirdt sunst zu schanden.*[1]

1 Die Welt des Hans Sachs. 400 Holzschnitte des 16. Jahrhunderts. Herausgegeben von den Stadtgeschichtlichen Museen, Nürnberg 1976, Nr. 88 mit Abb. S. 104. Zu dem einzigen Babrios-Text, den nicht Avian über Steinhöwel an Sachs vermittelte (Nr. 136), sondern der auf eine Paraphrase der metrischen Fassung zurückgeht, vgl. S. 217.

Näher als der Nürnberger Poet rückte dem griechischen Fabeldichter ein Jahrhundert später der prominenteste neuzeitliche Fabulist, Jean de La Fontaine (1621–1695). Ihm lag für seine rund 240 sukzessive veröffentlichten *fables* die 1610 von Isaac Nicholas Nevelet in Frankfurt a. M. publizierte *Mythologia Aesopica* vor, eine umfassenden Sammlung von Texten griechischer und römischer Fabelerzähler. Mythiamben findet man dort freilich nicht in ihrer ursprünglichen Form, sondern zum einen als Prosaparaphrasen, die Nevelet aus dem Codex Vaticanus Palatinus Graecus 367 abschrieb und als Aesopica unter der Überschrift *Fabulae nunquam hactenus editae* (bis jetzt niemals herausgegebene Fabeln) zusammen mit Fabeln der Augustana-Tradion griechisch mit lateinischer Übersetzung edierte (S. 212–321), zum anderen in der Kurzfassung der Tetrasticha des Ignatios, ebenfalls zweisprachig. Nevelet war bei den Prosaparaphasen die Herkunft von Babrios zweifellos unbekannt, und obwohl er von Ignatios wusste, überschrieb er den einen von zwei Abschnitten, über die er die von ihm ausgewählten Texte verteilte, mit ΓΑΒΡΙΟΥ ΕΛΛΗΝΟΣ τετράστιχα (Vierzeiler des Griechen Gabrias, S. 354–380), den anderen mit *BABRIÆ Fabulæ nunquam hactenus editæ* (bis jetzt niemals herausgegebene Fabeln des Babrios, S. 381–387). 25 von diesen ›Babriana‹ stimmen mit Fabeln La Fontaines thematisch in etwa überein, aber zu fast allen diesen Texten gibt es bei Nevelet Parallelversionen, die der Dichter offensichtlich vorzog, besonders wenn ihm eine Fassung des Phaedrus vorlag; nur in zwei Fällen darf man mit einiger Sicherheit Bearbeitung einer indirekt auf einem Mythiambos fußenden Fabel vermuten: bei La Fontaine 6,2 (*Le lion et le chasseur* < Babrios 92) und bei 8,16 (*L'horoscope* < 136). Außerdem adaptierte der Dichter – und das wohl als erster neuzeitlicher Autor – einmal ›Originalton‹ Babrios, den Nevelet ihm auf S. 379 f. als eine Art Anhang zu den Vierzeilern des ›Gabrias‹ bot: vv. 1–4, 7 f., 11 f., 13, 19 f. und 23 f. einer der faszinierendsten

Fabeln des Griechisch schreibenden Dichters, der von Schwalbe und Nachtigall (Nr. 12), aus welcher bei La Fontaine (offenbar durch Kombination mit der Prosaparaphrase auf S. 152f.) *Philomèle et Progné* (3,15) wurde.

Von einem ganzen Kodex mit wenigstens 122 Fabeln des ›echten‹ Babrios erfuhr die westliche Welt, wie erwähnt, erst 1844. Auf dem Athos entdeckt hatte sie der griechische Handschriftenhändler Minoides Mynas, dessen Name innerhalb der Geschichte des Babrios-Nachlebens für einen ›Rezeptionskrimi‹ steht. Dieser Mann stellte dem Ersteditor Jean François Boissonade nicht etwa den Athous zur Verfügung, sondern eine eigenhändig angefertigte Abschrift, angeblich weil die Mönche einen zu hohen Preis verlangt hätten – in Wahrheit besaß Mynas den Kodex seit August 1842. Schon jetzt betätigte er sich als Fälscher, denn er hatte den Vers 1 von Fabel 123, mit welche der Athous abbricht, zu einer ganzen Fabel ergänzt, diese druckte Boissonade ahnungslos ab, und auf ihr fußt der Text der ersten Babrios-Übersetzung in unserer Sprache, Wilhelm Hertzbergs Wiedergabe in deutschen Hinkiamben von 1846 (dort S. 63). Den Athous verkaufte Mynas 1857 dem Britischen Museum in London zusammen mit einer weiteren Handschrift (Addit. 22088), die unter dem Titel »Aus den Choliamben des Babrios« einen Prolog und 94 Fabeln enthält; er behauptete, sie gleichfalls auf dem Athos aufgespürt zu haben. Sie wurde, obwohl etwa die Hälfte der Verse metrisch fehlerhaft ist, 1859 von Sir George Cornewall Lewis ediert. Schon bald aber entlarvten mehrere erfahrene Philologen den Kodex als Fälschung. Doch damit war der ›Krimi‹ noch nicht zu Ende. 1898 erstand die Bibliothèque Nationale in Paris aus Mynas' Nachlass eine Handschrift, die den Prolog und 61 der 94 Fabeln in dem Pseudo-Babrios enthielt. Von diesem Kodex nun glaubte Alphonse Dain, wie er 1958 bei einem Byzantinisten-Kongress darlegte, er sei die Abschrift eines verlorenen byzantinischen Kodex, der Imitationen von Babrios-

Fabeln sowie fünf bereits bekannte Texte des Dichters mit besseren Lesarten enthalte. Auch hier aber handelt es sich, wie John Vaio 1977 und 1981 nachweisen konnte (s. S. 222), um das, was auf Neudeutsch ›fake‹ heißt.

Epimythion in eigener Sache

Die vorliegende Übertragung ist keine metrische wie meine Verdeutschung des Phaedrus-Textes (Berlin/Boston 2018), sondern in Prosa verfasst. Unsere Sprache eignet sich, wie ich meine, nicht für den Hinkiambus, und die Fabulierfreude des Babrios sollte so wörtlich wie möglich wiedergegeben werden; immerhin lege ich damit den ersten deutschen Babrios in nicht gebundener Sprache vor. Er wurde mir dankenswerterweise von Regina Höschele und Lavinia Stumpf mit der gewohnten Gründlichkeit durchgesehen, dazu von Barbara Sasse, die erstmals half. Zu danken habe ich ferner Lukas Spielhofer, der mich seine Grazer Diplomarbeit Μελισταγές σοι νοῦ τὸ κηρίον θήσω – *Dichtungsprogrammatik in Babrios' Mythiamboi* lesen ließ.

Gewidmet ist dieses Buch Kai Brodersen, dem unermüdlichen Übersetzer und Inhaber des Lehrstuhls für antike Kultur an der Universität Erfurt, dessen Fürsprache ich verdanke, dass ich in seinem Fach seit dem Wintersemester 2017/18 Vorlesungen und Seminare halten darf. Der Freund aus Erlanger Tagen nahm an der Entstehung der Babrios-Bilingue regen Anteil, wies mich auf wichtige Literatur hin und pflegte mich zu begleiten, wenn ich nach meinen Veranstaltungen zum Bahnhof strebte, um nach München zurückzufahren. Dabei zeigte und erklärte er mir sukzessive die Sehenswürdigkeiten der schönen Stadt, und deshalb sind mir aus der Zeit, in der ich an diesem Buch arbeitete, die wunderbaren Gänge und Gespräche mit Gaius Philadelphides ebenso gut in Erinnerung wie die Auseinandersetzung mit einem nicht leicht zu erschließenden griechischen Autor.

München, im Januar 2019 Niklas Holzberg

TEXT UND ÜBERSETZUNG

⟨ΒΑΒΡΙΟΥ ΜΥΘΙΑΜΒΩΝ Α⟩

⟨Πρόλογος⟩

Γενεὴ δικαίων ἦν τὸ πρῶτον ἀνθρώπων,
ὦ Βράγχε τέκνον, ἣν καλοῦσι χρυσείην,
μεθ' ἣν γενέσθαι φασὶν ἀργυρῆν ἄλλην,
τρίτη δ' ἀπ' αὐτῶν ἐγένεθ' ἥ ⟨γε⟩ χαλκείη
μεμπτῆς σιδηρῆς ῥίζα χείρονος γέννης.
ἐπὶ τῆς δὲ χρυσῆς καὶ τὰ λοιπὰ τῶν ζῴων
φωνὴν ἔναρθρον εἶχε καὶ λόγους ᾔδει·
ἀγοραὶ δὲ τούτων ἦσαν ἐν μέσαις ὕλαις.
ἐλάλει δὲ πέτρη καὶ τὰ φύλλα τῆς πεύκης,
ἐλάλει δὲ κἰχθύς, Βράγχε, νηὶ καὶ ναύτῃ,
στρουθοὶ δὲ συνετὰ πρὸς γεωργὸν ὡμίλουν.
ἐφύετ' ἐκ γῆς πάντα μηδὲν αἰτούσης,
θνητῶν δ' ὑπῆρχε καὶ θεῶν ἑταιρείη.
μάθων δ' ἄρ' οὕτω ταῦτ' ἔχοντα καὶ γνοίης
ἐκ τοῦ σοφοῦ γέροντος ἡμιν Αἰσώπου
μύθους φράσαντος τῆς ἐλευθέρης μούσης.
ὧν νῦν ἕκαστον ἀνθίσας ἐμῇ μνήμῃ
μελισταγές σοι νοῦ τὸ κηρίον θήσω,
πικρῶν ἰάμβων σκληρὰ κῶλα θηλ⟨ύνας⟩.

1

Ἄνθρωπος ἦλθεν εἰς ὄρος κυνηγήσων,
τόξου βολῆς ἔμπειρος· ἦν δὲ τῶν ζῴων
φυγή τε πάντων καὶ φόβου δρόμος πλήρης.
λέων δὲ τοῦτον προὐκαλεῖτο θαρσήσας

⟨BABRIOS, MYTHIAMBEN BUCH 1⟩

⟨Prolog⟩

Es gab zunächst ein Geschlecht gerechter Menschen,
Branchos, mein Sohn, das sie das goldene nennen;
danach, sagen sie, gab es ein anderes, das silberne.
Das dritte aber nach ihnen war nun das bronzene,
Wurzel des tadelnswerten eisernen, des noch schlechteren Geschlechts.
Zur Zeit des goldenen hatten auch die übrigen Lebewesen
eine artikulierte Stimme und beherrschten die Sprache;
da gab es Versammlungen von ihnen mitten in den Wäldern.
Es plauderte der Felsen und das Grün der Fichte,
es plauderte sogar der Fisch, Branchos, mit dem Schiff und dem Seemann,
und die Sperlinge unterhielten sich verstehbar mit dem Bauern.
Alles wuchs aus der Erde, die nichts verlangte,
und es herrschte Freundschaft zwischen den Sterblichen und den Göttern.
Nachdem du also gelernt hast, dass es sich so verhielt, mögest du es auch
von dem weisen Alten Aisopos erkennen,
der uns Fabeln in der freien Muse erzählt hat,
von denen ich nun jede einzelne mit den Blüten meiner Erinnerung geschmückt
habe und sie dir als die honigtriefende Wabe eines Geistes vorsetzen werde,
nachdem ich die harten Füße der bitteren Iamben weich gemacht habe.

1

Der Mensch kam zu einem Berg, um zu jagen,
im Bogenschießen erfahren. Und es gab ein Fliehen
aller Tiere und ein Laufen voller Angst.
Der Löwe aber fasste Mut und forderte ihn heraus,

αὐτῷ μάχεσθαι. “μεῖνον” εἶπε, “μὴ σπεύσῃς”
ἄνθρωπος αὐτῷ, “μηδ' ἐπελπίσῃς νίκῃ·
τῷ δ' ἀγγέλῳ μου πρῶτον ἐντυχὼν γνώσῃ
τί σοι ποιητόν ἐστιν”· εἶτα τοξεύει
μικρὸν διαστάς. χὠ μὲν οἰστὸς ἐκρύφθη
λέοντος ὑγραῖς χολάσιν· ὁ δὲ λέων δείσας
ὥρμησε φεύγειν ἐς νάπας ἐρημαίας.
τούτου δ' ἀλώπηξ οὐκ ἄπωθεν εἱστήκει.
ταύτης δὲ θαρσεῖν καὶ μένειν κελευούσης
“οὔ με πλανήσεις” φησίν, “οὐδ' ἐνεδρεύσεις·
ὅπου γὰρ οὕτω πικρὸν ἄγγελον πέμπει,
πῶς αὐτὸς ἤδη φοβερός ἐστι γινώσκω.”

2

Ἀνὴρ γεωργὸς ἀμπελῶνα ταφρεύων
καὶ τὴν δίκελλαν ἀπολέσας ⟨ποτ'⟩ ἐζήτει
μή τις παρόντων τήνδ' ἔκλεψεν ἀγροίκων.
ἠρνεῖθ' ἕκαστος. οὐκ ἔχων δ' ὅ ποιήσει,
εἰς τὴν πόλιν κατῆγε πάντας ὁρκώσων·
τῶν γὰρ θεῶν δοκοῦσι τοὺς μὲν εὐήθεις
ἀγροὺς κατοικεῖν, τοὺς δ' ἐσωτέρω τείχους
εἶναί τ' ἀληθεῖς καὶ τὰ πάντ' ἐποπτεύειν.
ὡς δ' εἰσιόντες τὰς πύλας ἐπὶ κρήνης
τοὺς πόδας ἔνιζον κἀπέθεντο τὰς πήρας,
κῆρυξ ἐφώνει χιλίας ἀριθμήσειν
μήνυτρα σύλων ὧν ὁ θεὸς ἐσυλήθη.
ὁ δὲ τοῦτ' ἀκούσας εἶπεν· “ὡς μάτην ἥκω·
κλέπτας γὰρ ἄλλους πῶς ⟨ὁ⟩ θεὸς ἂν εἰδείη,
ὃς τοὺς ἑαυτοῦ φῶρας οὐχὶ γινώσκει,
ζητεῖ δὲ μισθοῦ μή τις οἶδεν ἀνθρώπων;”

mit ihm zu kämpfen. »Warte«, sagte der Mensch zu ihm,
»hab's nicht so eilig und hoffe nicht auf Sieg!
Erst triff meinen Boten, und du wirst erkennen,
was du zu tun hast.« Dann sendet er das Geschoss
aus geringer Entfernung. Und der Pfeil saß tief in
des Löwen weichem Gedärm. Der Löwe aber bekam Angst
und floh eilends in die einsamen Waldtäler.
Da stand nicht weit von ihm der Fuchs.
Als der ihn aufforderte, mutig zu sein und standzuhalten,
sprach er: »Du wirst mich weder täuschen noch hereinlegen;
denn da er einen so bitteren Boten schickt,
erkenne ich schon, wie fürchterlich er selbst ist.«

2

Ein Bauersmann, der Gräben in seinem Weinberg zog
und dabei einmal seine Hacke verlor, begann zu erkunden,
ob einer von den anwesenden Landleuten sie gestohlen habe.
Jeder sagte nein. Und weil er nicht wusste, was er tun sollte,
führte er alle in die Stadt, um sie einen Eid schwören zu lassen;
denn man glaubt, dass die Einfältigen unter den Göttern
auf dem Land wohnen, die innerhalb von Mauern aber
die Wahrheit wüssten und alles, was es gibt, überschauten.
Als sie nun nach Eintreten in die Tore an einer Quelle
ihre Füße wuschen und ihre Ranzen ablegten,
rief ein Herold aus, tausend werde als Belohnung zählen
die Anzeige des Raubs, dessen der Gott beraubt wurde.
Als er das hörte, sagte er: »Wie vergeblich bin ich gekommen!
Denn wie könnte wohl der Gott von anderen Dieben wissen,
der seine eigenen Räuber nicht kennt
und um Lohn erkundet, ob irgendein Mensch von ihnen weiß?«

3

Αἶγάς ποτ’ εἰς ἔπαυλιν αἰπόλος κλείζων
μιῆς δ’ ἀπειθοῦς ἐν φάραγγι τρωγούσης
κόμην γλυκεῖαν αἰγίλου τε καὶ σχίνου
τὸ κέρας κατῆξε μακρόθεν λίθῳ πλήξας.
τὴν δ’ ἱκέτευε· “μή, χίμαιρα συνδούλη,
πρὸς τοῦ σε Πανός, ὃς νάπας ἐποπτεύει,
τῷ δεσπότῃ, χίμαιρα, μή με μηνύσῃς·
ἄκων γὰρ ηὐστόχησα τὸν λίθον ῥίψας.”
ἡ δ’ εἶπε· “καὶ πῶς ἔργον ἐκφανὲς κρύψω;
τὸ κέρας κέκραγε κἂν ἐγὼ σιωπήσω.”

4

Ἁλιεὺς σαγήνην, ἣν νεωστὶ βεβλήκει,
ἀνείλετ’· ὄψου δ’ ἔτυχε ποικίλου πλήρης.
τῶν δ’ ἰχθύων ὁ λεπτὸς εἰς βυθὸν φεύγων
ὑπεξέδυνε δικτύου πολυτρήτου,
ὁ μέγας δ’ ἀγρευθεὶς εἰς τὸ πλοῖον ἡπλώθη.
    Σωτηρίη πώς ἐστι καὶ κακῶν ἔξω
τὸ μικρὸν εἶναι· τὸν μέγαν δὲ τῇ δόξῃ
σπανίως ἴδοις ἂν ἐκφυγόντα κινδύνου.

5

Ἀλεκτορίσκων ἦν μάχη Ταναγραίων,
οἷς θυμὸν εἶναί φασιν οἷον ἀνθρώποις.
τούτων ὁ λειφθείς (τραυμάτων γὰρ ἦν πλήρης)
ἔκυπτ’ ⟨ἐς⟩ οἴκου γωνίην ὑπ’ αἰσχύνης·

3

Als einmal ein Ziegenhirte seine Ziegen zum Stall rief,
eine Ungehorsame aber in der Schlucht noch süße Blätter
des Ziegenkrauts und des Mastixbaumes abfraß,
traf er von fern ihr Horn mit einem Stein und brach es ab.
Da flehte er sie an: »Nicht, Mitsklavin Ziege –
beim Pan bitte ich dich, der die Waldtäler überschaut –,
nicht, Ziege, verrate mich dem Herrn!
Denn unabsichtlich traf ich mit dem Steinwurf so genau.«
Sie aber sagte: »Und wie soll ich eine evidente Tat verbergen?
Das Horn schreit, auch wenn ich schweige.«

4

Ein Fischer zog das Netz, das er kurz zuvor ausgeworfen hatte,
herauf: Es war, wie's so kam, voll mit verschiedenen Delikatessen.
Von den Fischen aber waren die zierlichen in die Tiefe geflohen
und durch das lochreiche Netz unten weggetaucht,
die großen aber wurden gefangen und im Boot ausgebreitet.
Es ist irgendwie Mittel zur Rettung und frei von Schwierigkeiten,
das Kleinsein. Den durch Ruhm Großen aber
wirst du wohl selten aus einer Gefahr entkommen sehen.

5

Es gab einen Kampf tanagräischer Hähne,
die, sagt man, einen Mut wie die Menschen haben.
Der von ihnen, der unterlag – denn er war voller Wunden –,
duckte sich vor Scham in einen Winkel des Hauses;

ὁ δ᾽ ἄλλος εὐθὺς εἰς τὸ δῶμα πηδήσας
ἐπικροτῶν τε τοῖς πτεροῖς ἐκεκράγει.
καὶ τὸν μὲν αἰετός τις ἐκ στέγους ἄρας
ἀπῆλθ᾽· ὁ δ᾽ ἀδεῶς ἀμφέβαινε θηλείαις,
ἀμείνονα σχὼν τἀπίχειρα τῆς ἥττης.
Ἄνθρωπε, καὶ σὺ μή ποτ᾽ ἴσθι καυχήμων
ἄλλου σε πλεῖον τῆς τύχης ἐπαιρούσης·
πολλοὺς ἔσωσε καὶ τὸ μὴ καλῶς πράσσειν.

6

Ἁλιεὺς θαλάσσης πᾶσαν ᾐόνα ξύων
καλάμῳ τε λεπτῷ τὸν γλυκὺν βίον ζώων
μικρόν ποτ᾽ ἰχθὺν ὁρμιῆς ἀφ᾽ ἱππείης
ἤγρευσεν, ἐκ τῶν εἰς τάγηνον ὡραίων.
ὁ δ᾽ αὐτὸν οὕτως ἱκέτευεν ἀσπαίρων·
"τί σοι τὸ κέρδος; ἢ πόσου με πωλήσεις;
οὐκ εἰμὶ γὰρ τέλειος, ἀλλά με πρῴην
πρὸς τῇδε πέτρῃ φυκὶς ἔπτυσεν μήτηρ.
νῦν οὖν ἄφες με, μὴ μάτην μ᾽ ἀποκτείνῃς.
ἐπὴν δὲ πλησθεὶς φυκίων θαλασσαίων
μέγας γένωμαι, πλουσίοις πρέπων δείπνοις,
τότ᾽ ἐνθάδ᾽ ἐλθὼν ὕστερόν με συλλήψῃ."
τοιαῦτα μύζων ἱκέτευε καὶ σπαίρων,
ἀλλ᾽ οὐκ ἔμελλε τὸν γέροντα θωπεύσειν·
ἔφη δὲ πείρων αὐτὸν ὀξέῃ σχοίνῳ·
"ὁ μὴ τὰ μικρά, πλὴν βέβαια, τηρήσας
μάταιός ἐστιν, ἢν ἄδηλα θηρεύῃ."

der andere aber sprang sofort aufs Hausdach,
schlug mit den Flügeln und krähte laut.
Und den hob ein Adler auf vom Dach
und flog davon. Der andere aber bestieg furchtlos seine Hennen
und bekam den besseren Lohn trotz der Niederlage.
Mensch, sei auch du niemals hochmütig,
wenn das Schicksal dich über einen anderen erhebt!
Viele rettet auch, dass es ihnen nicht gut ergeht.

6

Ein Fischer, der den ganzen Meeresstrand abkämmte,
indem er mit schlanker Angelrute sein süßes Leben lebte,
fing einmal einen kleinen Fisch mit seiner Rosshaarleine,
einen von den für die Bratpfanne reifen.
Der aber flehte ihn zappelnd so an:
»Was ist der Gewinn für dich? Oder für wie viel wirst du mich verkaufen?
Ich bin ja nicht volljährig, sondern mich hat erst neulich
bei diesem Felsen meine Mutter im Seegras ausgeworfen.
Jetzt lass mich also frei, töte mich nicht sinnlos.
Doch wenn ich, vollgestopft mit Seegras,
groß geworden bin, geeignet für die Mahlzeiten der Reichen,
dann, später, kannst du hierher kommen und mich fangen.«
Solches hervorseufzend und zappelnd flehte er ihn an.
Aber er sollte den Alten nicht beschwatzen:
Der sagte, während er ihn auf einen scharfen Stichel spießte:
»Wer nicht auf Kleines, aber Sicheres achtet,
ist töricht, wenn er Ungewissem nachjagt.«

7

Ἄνθρωπος ἵππον εἶχε. τοῦτον εἰώθει
κενὸν παρέλκειν, ἐπετίθει δὲ τὸν φόρτον
ὄνῳ γέροντι. πολλὰ τοιγαροῦν κάμνων
ἐκεῖνος ἐλθὼν πρὸς τὸν ἵππον ὡμίλει·
"ἤν μοι θελήσῃς συλλαβεῖν τι τοῦ φόρτου,
τάχ' ἂν γενοίμην σῷος· εἰ δὲ μή, θνῄσκω."
ὁ δ' "οὐ προάξεις," εἶπε "μηδ' ἐνοχλήσεις;"
⟨ὄνος⟩ εἷρπε σιγῶν, τῷ κόπῳ δ' ἀπαυδήσας
πεσὼν ἔκειτο νεκρός, ὡς προειρήκει.
τὸν ἵππον οὖν παρ' αὐτὸν εὐθέως στήσας
ὁ δεσπότης καὶ πάντα τὸν γόμον λύων
ἐπ' αὐτὸν ἐτίθει τὴν σάγην τε τοῦ κτήνους,
καὶ τὴν ὀνείην προσεπέθηκεν ἐκδείρας.
ὁ δ' ἵππος "οἴμοι τῆς κακῆς" ἔφη "γνώμης·
οὗ γὰρ μετασχεῖν μικρὸν οὐκ ἐβουλήθην,
⟨τοῦτ'⟩ αὖτ' ἐμοὶ πᾶν ἐπιτέθεικεν ἡ χρείη."

8

Ἄραψ κάμηλον ἀχθίσας ἐπηρώτα
πότερ' ἀναβαίνειν μᾶλλον ἢ κάτω βαίνειν
αἱροῖτο. χὠ κάμηλος οὐκ ἄτερ μούσης
εἶφ' "ἡ γὰρ ὀρθὴ τῶν ὁδῶν ἀπεκλείσθη;"

9

Ἁλιεύς τις αὐλοὺς εἶχε καὶ σοφῶς ηὔλει·
καὶ δή ποτ' ὄψον ἐλπίσας ἀμοχθήτως

7

Ein Mensch hatte ein Pferd. Das pflegte er
unbeladen nebenher zu ziehen, legte aber die Last
auf einen alten Esel. Der, welcher sich also sehr abmühte,
kam zu dem Pferd und redete mit ihm darüber:
»Wenn du etwas von der Last für mich mit übernehmen willst,
wäre das vielleicht meine Rettung, wenn aber nicht, sterbe ich.«
Das aber sagte: »Willst du wohl weitergehen und mich nicht belästigen?«
Der Esel schleppte sich schweigend dahin, gab aber vor Erschöpfung auf,
fiel nieder und lag tot da, wie er vorausgesagt hatte.
Das Pferd neben ihm ließ nun sofort anhalten
der Herr, band die ganze Last los,
legte auf dieses die Bepackung des Tiers
und legte noch dazu die Eselshaut, nachdem er sie abgezogen hatte.
Das Pferd aber sagte: »Wehe über mein schlechtes Urteil!
Denn das, wovon ich einen kleinen Teil nicht mit übernehmen wollte,
das hat wiederum mir als Ganzes auferlegt die Notwendigkeit.«

8

Ein Araber belud sein Kamel und fragte,
ob es lieber aufsteigen oder nach unten gehen
wolle. Und das Kamel, nicht ohne Witz,
sagte: »Der gerade Weg ist wohl versperrt?«

9

Ein Fischer hatte eine Flöte und konnte kunstvoll flöten.
Und einmal hoffte er nun, viel Fischkost werde ohne Aufwand

πολὺ πρὸς αὐλῶν ἡδυφωνίην ἥξειν
τὸ δίκτυον θεὶς ἐτερέτιζεν εὐμούσως.
ἐπεὶ δὲ φυσῶν ἔκαμε καὶ μάτην ηὔλει,
βαλὼν σαγήνην ἔλαβεν ἰχθύας πλείστους.
ἐπὶ γῆς δ' ἰδὼν σπαίροντας ἄλλον ἀλλοίως,
τοιαῦτ' ἐκερτόμησε τὸν βόλον πλύνων·
"ἄναυλα νῦν ὀρχεῖσθε. κρεῖσσον ἦν ὕμας
πάλαι χορεύειν, ἡνίκ' εἰς χοροὺς ηὔλουν."

10

Αἰσχρῆς τις ἤρα καὶ κακορρύπου δούλης
ἰδίης ἑαυτοῦ, καὶ παρεῖχεν αἰτούσῃ
ἅπανθ' ἑτοίμως. ἡ δὲ χρυσίου πλήρης,
σύρουσα λεπτὴν πορφύρην ἐπὶ κνήμης,
πᾶσαν μάχην συνῆπτεν οἰκοδεσποίνῃ·
τὴν δ' Ἀφροδίτην ὥσπερ αἰτίην τούτων
λύχνοις ἐτίμα, καὶ καθ' ἡμέρην πᾶσαν
ἔθυεν ηὔχεθ' ἱκέτευεν ἠρώτα,
ἕως ποτ' αὐτῶν ἡ θεὸς καθευδόντων
ἦλθεν καθ' ὕπνους, καὶ φανεῖσα τῇ δούλῃ
"μή μοι χάριν σχῇς ὡς καλήν σε ποιούσῃ·
τούτῳ κεχόλωμαί" φησιν "ᾧ καλὴ φαίνῃ."

11

Ἀλώπεκ' ἐχθρὴν ἀμπέλων τε καὶ κήπων
ξένῃ θελήσας περιβαλεῖν τις αἰκείῃ
τὴν κέρκον ἅψας καὶ λίνου τι προσδήσας
ἀφῆκε φεύγειν. τὴν δ' ἐπίσκοπος δαίμων

auf den süßen Klang seiner Flöte hin kommen,
legte das Netz ab und trillerte wohltönend.
Als er aber beim Blasen ermüdete und umsonst flötete,
warf er das Netz aus und fing sehr viele Fische.
Da er nun auf dem Land den einen so, den anderen so zappeln sah,
spottete er, während er das Netz wusch, folgendermaßen:
»Jetzt tanzt ihr ohne Flöte. Besser gewesen wäre für euch,
wenn ihr vorhin getanzt hättet, als ich zum Tanz flötete.«

10

Jemand liebte eine hässliche und sehr schmutzige Sklavin,
seine eigne, und gewährte ihr, wenn sie es verlangte,
alles bereitwillig. Die aber, voll mit Goldschmuck,
ein feines Purpurgewand bis zum Knöchel schleppend,
fing jede Art von Streit mit ihrer Hausherrin an.
Sie ehrte Aphrodite als vermeintliche Urheberin von alldem
mit Fackeln und opferte ihr jeden Tag,
betete, flehte zu ihr, befragte sie,
bis einmal die Göttin, als sie schliefen,
im Traum kam, der Sklavin erschien und sagte:
»Danke nicht mir, als ob ich dich schön gemacht hätte;
ich zürne dem da, dem du schön erscheinst.«

11

Dem Fuchs, dem Feind der Weinstöcke und der Gärten,
wollte einer eine neuartige Misshandlung antun,
zündete seinen Schwanz an, band noch Werg daran
und ließ ihn davonlaufen. Dem aber wies eine darüber wachende Gottheit

ἐς τὰς ἀρούρας τοῦ βαλόντος ὡδήγει
τὸ πῦρ φέρουσαν. ἦν δὲ ληίων ὥρη
καὶ καλλίπαις ἄμητος ἐλπίδων πλήρης.
ὁ δ᾽ ἠκολούθει τὸν πολὺν κόπον κλαίων,
οὐδ᾽ εἶδεν αὐτοῦ τὴν ἅλωα Δημήτηρ.
Χρὴ πρᾶον εἶναι μηδ᾽ ἄμετρα θυμοῦσθαι.
ἔστιν τις ὀργῆς νέμεσις, ἣν φυλαττοίμην,
αὐτοῖς βλάβην φέρουσα τοῖς δυσοργήτοις.

12

Ἀγροῦ χελιδὼν μακρὸν ἐξεπωτήθη,
εὗρεν δ᾽ ἐρήμοις ἐγκαθημένην ὕλαις
ἀηδόν᾽ ὀξύφωνον· ἡ δ᾽ ἀπεθρήνει
τὸν Ἴτυν ἄωρον ἐκπεσόντα τῆς ὥρης.
ἐκ τοῦ μέλους δ᾽ ἔγνωσαν αἱ δύ᾽ ἀλλήλας,
καὶ δὴ προσέπτησάν τε καὶ προσωμίλουν.
ἡ μὲν χελιδὼν εἶπε· "φιλτάτη, ζώεις.
πρῶτον βλέπω σε σήμερον μετὰ Θρᾴκην.
ἀεί τις ἥμας πικρὸς ἔσχισεν δαίμων·
καὶ παρθένοι γὰρ χωρὶς ἦμεν ἀλλήλων.
ἀλλ᾽ ἔλθ᾽ ἐς ἀγρὸν καὶ πρὸς οἶκον ἀνθρώπων·
σύσκηνος ἡμῖν καὶ φίλη κατοικήσεις,
ὅπου γεωργοῖς, οὐχὶ θηρίοις ᾄσεις.
τί σε δροσίζει νῶτον ἔννυχος στίβη
καὶ καῦμα θάλπει; πάντα δ᾽ ἀγρότιν τήκει.
ἄγε δὴ σεαυτήν, σοφὰ λαλοῦσα, μηνύσῃς."
τὴν δ᾽ αὖτ᾽ ἀηδὼν ὀξύφωνος ἠμείφθη·
"ἔα με πέτραις ἐμμένειν ἀοικήτοις,
καὶ μή μ᾽ ὀρεινῆς ὀρχάδος σὺ χωρίσσῃς.
μετὰ τὰς Ἀθήνας ἄνδρα καὶ πόλιν φεύγω·

den Weg zu den Feldern dessen, der ihn vorwärts trieb
mit der Last des Feuers. Es war die Jahreszeit der Feldfrüchte,
und die Ernte mit ihren schönen Kindern war voller Hoffnungen.
Der aber lief hinterher, über seine viele Mühe weinend,
doch erblickte das Korn nicht seine Tenne.
Man muss sanftmütig sein und darf nicht maßlos wütend sein.
Es gibt Vergeltung für Zorn – vor ihr möchte ich mich hüten –,
die gerade den Jähzornigen Schaden bringt.

12

Weit fort vom Ackerland flog die Schwalbe
und fand sitzend in einsamen Wäldern
die schrilltönende Nachtigall; die aber klagte um
ihren Itys, der zur Unzeit aus der Jugendzeit vertrieben worden war.
Da erkannten die zwei sich gegenseitig an ihrem Lied,
flogen nun aufeinander zu und unterhielten sich.
Die Schwalbe sprach: »Liebste, du lebst!
Erstmals erblicke ich dich heute seit Thrakien.
Stets trennte uns eine strenge Gottheit;
auch als junge Frauen waren wir ja voneinander getrennt.
Doch komm zum Ackerland und zur Behausung der Menschen:
Als Hausgenossin und Freundin wirst du bei uns wohnen,
wo du für Bauern, nicht für wilde Tiere singen wirst.
Was soll der nächtliche Reif deinen Rücken betauen
und Glut dich erhitzen? All das reibt eine Landbewohnerin auf.
Auf, kunstvoll Zwitschernde, zeige dich!«
Ihr antwortete wiederum die hellstimmige Nachtigall:
»Lass mich bei den unbehausten Felsen bleiben
und trenne mich nicht von meiner Berglandschaft!
Seit Athen fliehe ich vor Mann und Stadt;

οἶκος δέ μοι πᾶς κἀπίμιξις ἀνθρώπων
λύπην παλαιῶν συμφορῶν ἀναξαίνει.”

13

Αὔλαξι λεπτὰς παγίδας ἀγρότης πήξας
γεράνους σποραίων πολεμίας συνειλήφει.
τοῦτον πελαργὸς ἱκέτευε χωλεύων,
ὁμοῦ γὰρ αὐταῖς καὶ πελαργὸς ἡλώκει,
“οὐκ εἰμὶ γέρανος, οὐ σπόρον καταφθείρω.
πελαργός εἰμι χἠ χρόη με σημαίνει,
πτηνῶν πελαργὸς εὐσεβέστατον ζῴων·
τὸν ἐμὸν τιθηνῶ πατέρα καὶ νοσηλεύω.”
κἀκεῖνος “ὦ πελαργέ, τίνι βίῳ χαίρεις
οὐκ οἶδα” φησίν· “ἀλλὰ τοῦτο γινώσκω·
ἔλαβόν σε σὺν ταῖς ἔργα τἀμὰ πορθούσαις.
ἀπολῇ μετ’ αὐτῶν τοιγαροῦν, μεθ’ ὧν ἥλως.”

14

Ἄρκτος φιλεῖν ἄνθρωπον ἐκτόπως ηὔχει·
νεκρὸν γὰρ αὐτοῦ σῶμ’ ἔφασκε μὴ σύρειν.
πρὸς ἣν ἀλώπηξ εἶπε· “μᾶλλον ᾑρούμην
εἰ νεκρὸν εἷλκες, τοῦ δὲ ζῶντος οὐχ ἥπτου.”
Ὁ ζῶντα βλάπτων μὴ νεκρόν με θρηνείτω.

jedes Haus und jeder Umgang mit Menschen
reißt meinen Kummer über das einstige Unglück wieder auf.«

13

In den Furchen hatte ein Ackersmann feine Netze angebracht
und Kraniche, die Feinde der Saat, gefangen.
Den flehte ein hinkender Storch an –
denn zugleich mit ihnen wurde auch ein Storch gefangen –:
»Ich bin kein Kranich, ich vernichte die Saat nicht.
Ich bin ein Storch, und die Farbe zeigt mich an,
ein Storch, von allen geflügelten Lebewesen das pietätvollste:
Ich füttere meinen Vater und pflege ihn, wenn er krank ist.«
Und jener sagt: »O Storch, an welcher Lebensweise du dich freust,
weiß ich nicht. Aber dies erkenne ich:
Ich fing dich zusammen mit denen, die meine Arbeit zerstören.
Also stirbst du mit denen, mit denen du gefangen wurdest.«

14

Der Bär rühmte sich, er liebe den Menschen ganz außerordentlich;
denn er behauptete, dessen toten Körper schleppe er nie davon.
Zu ihm sprach der Fuchs: »Ich würde es vorziehen,
wenn du den Toten wegschlepptest, den Lebenden aber nicht anrührtest.«
Wer mir als Lebendem schadet, soll mich nicht als Toten beweinen.

15

Ἀνὴρ Ἀθηναῖός τις ἀνδρὶ Θηβαίῳ
κοινῶς ὁδεύων, ὥσπερ εἰκός, ὡμίλει.
ῥέων δ᾽ ὁ μῦθος ἦλθε μέχρις ἡρώων,
μακρὴ μὲν ἄλλως ῥῆσις οὐδ᾽ ἀναγκαίη·
τέλος δ᾽ ὁ μὲν Θηβαῖος υἱὸν Ἀλκμήνης
μέγιστον ἀνδρῶν, νῦν δὲ καὶ θεῶν ὕμνει·
ὁ δ᾽ ἐξ Ἀθηνῶν ἔλεγεν ὡς πολὺ κρείσσων
Θησεὺς γένοιτο, καὶ τύχης ὁ μὲν θείης
ὄντως λέλογχεν, Ἡρακλῆς δὲ δουλείης.
λέγων δ᾽ ἐνίκα· στωμύλος γὰρ ἦν ῥήτωρ.
ὁ δ᾽ ἄλλος ὡς Βοιωτὸς οὐκ ἔχων ἴσην
λόγοις ἅμιλλαν, εἶπεν ἀγρίῃ μούσῃ·
"πέπαυσο· νικᾷς. τοιγαροῦν χολωθείη
Θησεὺς μὲν ἡμῖν, Ἡρακλῆς δ᾽ Ἀθηναίοις."

16

Ἄγροικος ἠπείλησε νηπίῳ τίτθη
κλαίοντι· "παῦσαι, μή σε τῷ λύκῳ ῥίψω."
λύκος δ᾽ ἀκούσας τήν τε γραῦν ἀληθεύειν
νομίσας ἔμεινεν ὡς ἕτοιμα δειπνήσων,
ἕως ὁ παῖς μὲν ἑσπέρης ἐκοιμήθη,
αὐτὸς δὲ πεινῶν καὶ λύκος χανὼν ὄντως
ἀπῆλθε νωθραῖς ἐλπίσιν παρεδρεύσας.
λύκαινα δ᾽ αὐτὸν ἡ σύνευνος ἠρώτα·
"πῶς οὐδὲν ἄρας ἦλθες, ὡς πρὶν εἰώθης;"
ὁ δ᾽ εἶπε· "πῶς γάρ, ὃς γυναικὶ πιστεύω;"

15

Ein Mann aus Athen zog mit einem Mann aus Theben
zusammen des Wegs und unterhielt sich mit ihm, wie's natürlich ist.
Der Gesprächsfluss gelangte auch zu den Heroen;
es war bloß langes Gerede und nicht nötig;
am Ende aber pries der Thebaner den Sohn der Alkmene
als den größten der Menschen, jetzt auch der Götter.
Der aus Athen aber sagte, dass viel besser
Theseus sei, und der habe ein göttliches Schicksal
wahrhaft erlost, Herakles aber das eines Sklaven.
Und mit seinen Worten siegte er. Denn er war ein mundfertiger Redner.
Der andere aber, der als Böotier nicht gleichrangig
im Wortgefecht war, sagte mit ungehobeltem Witz:
»Hör auf; du bist Sieger. So möge denn Theseus
uns zürnen, Herakles aber den Athenern.«

16

Eine bäurische Amme drohte dem Kleinkind,
als es weinte: »Hör auf, sonst werf ich dich dem Wolf vor.«
Der Wolf aber hatte zugehört, glaubte, die Alte spräche
die Wahrheit, und verharrte in Erwartung eines bereitstehenden Mahles,
bis das Kind am Abend in Schlaf fiel,
er selbst aber hungernd und wahrhaft als der Wolf mit offenem Maul
davonging, nachdem er törichten Hoffnungen aufgesessen war.
Die Wölfin, seine Lagergenossin, fragte ihn:
»Wieso bist du gekommen, ohne etwas zu bringen wie vorher stets?«
Und der sagte: »Wieso wohl – ich, der ich einer Frau glaube?«

17

Αἴλουρος ὄρνεις οἰκίης ἐνεδρεύων,
ὡς θύλακός τις πασσάλων ἀπηρτήθη.
τὸν δ' εἶδ' ἀλέκτωρ πινυτὸς ἀγκυλογλώχιν,
καὶ ταῦτ' ἐκερτόμησεν ὀξὺ φωνήσας·
"πολλοὺς μὲν οἶδα θυλάκους ἰδὼν ἤδη·
οὐδεὶς δ' ὀδόντας ζῶντος εἶχεν αἰλούρου."

18

Βορέῃ λέγουσιν Ἡλίῳ τε τοιαύτην
ἔριν γενέσθαι, πότερος ἀνδρὸς ἀγροίκου
ὁδοιποροῦντος τὴν σίσυραν ἐκδύσει.
Βορέης δ' ἐφύσα πρῶτος οἷος ἐκ Θρᾴκης,
βίῃ νομίζων τὸν φοροῦντα συλήσειν·
ὁ δ' οὐ μεθῆκε μᾶλλον, ἀλλὰ ῥιγώσας
καὶ πάντα κύκλῳ χερσὶ κράσπεδα σφίγξας
καθῆστο, πέτρης νῶτον ἐξοχῇ κλίνας.
ὁ δ' Ἥλιος τὸ πρῶτον ἡδὺς ἐκκύψας
ἀνῆκεν αὐτὸν τοῦ δυσηνέμου ψύχους,
ἔπειτα δ' αὖ προσῆγε τὴν ἀλῆν πλείω·
καὶ καῦμα τὸν γεωργὸν εἶχεν ἐξαίφνης,
αὐτὸς δὲ ῥίψας τὴν σίσυραν ἐγυμνώθη.
    Βορέης μὲν οὕτω συγκριθεὶς ἐνικήθη·
λέγει δ' ὁ μῦθος "πραότητα, παῖ, ζήλου.
ἀνύσεις τι πειθοῖ μᾶλλον ἢ βίῃ ῥέζων."

17

Ein Kater, der Haushühnern nachstellte,
hängte sich wie ein Sack an Haken auf.
Den aber sah ein kluger krummsporniger Hahn,
und er verhöhnte ihn, schrill ertönend:
»Ich habe schon viele Säcke gesehen und kenne sie,
aber keiner hatte die Zähne eines lebenden Katers.«

18

Zwischen Boreas und Helios, erzählen sie, habe es folgenden
Streit gegeben, nämlich wer von den beiden einem Landmann,
der seines Weges ging, den zottigen Mantel ausziehen werde.
Boreas nun blies zuerst wie aus Thrakien,
vermeinend, er werde mit Gewalt den, der ihn trug, berauben.
Doch der ließ ihn deshalb nicht umso eher los, sondern saß frierend
und alle Ränder ringsum mit den Händen um sich schnürend
da, wobei er den Rücken an einen Felsvorsprung lehnte.
Helios aber schaute zunächst lieblich hervor
und brachte ihm Erleichterung von der Sturmeskälte,
dann wiederum führte er mehr Wärme zu,
und plötzlich ergriff den Bauern die Hitze,
er warf den zottigen Mantel von selbst ab und war entblößt.
So wurde Boreas in dem Streit besiegt;
die Fabel aber sagt: »Nach Milde strebe, mein Sohn.
Du wirst durch Überredung mehr erreichen als durch Ausüben von Gewalt.«

19

Βότρυς μελαίνης ἀμπέλου παρωρείῃ
ἀπεκρέμαντο. τοὺς δὲ ποικίλη πλήρεις
ἰδοῦσα κερδὼ πολλάκις μὲν ὡρμήθη
πηδῶσα ποσσὶν πορφυρῆς θιγεῖν ὥρης·
ἦν γὰρ πέπειρος κεἰς τρυγητὸν ἀκμαίη.
κάμνουσα δ’ ἄλλως, οὐ γὰρ ἴσχυε ψαύειν,
παρῆλθεν οὕτω βουκολοῦσα τὴν λύπην·
“ὄμφαξ ὁ βότρυς, οὐ πέπειρος, ὡς ᾤμην.”

20

Βοηλάτης ἅμαξαν ἦγεν ἐκ κώμης.
τῆς δ’ ἐμπεσούσης εἰς φάραγγα κοιλώδη,
δέον βοηθεῖν αὐτόν, ἀργὸς εἱστήκει,
τῷ δ’ Ἡρακλεῖ προσηύχεθ’, ὃν μόνον πάντων
θεῶν ἀληθῶς προσεκύνει τε κἀτίμα.
θεὸς δ’ ἐπιστὰς εἶπε· “τῶν τροχῶν ἅπτου
καὶ τοὺς βόας κέντριζε. τοῖς θεοῖς δ’ εὔχου,
ὅταν τι ποιῇς καὐτός, ἢ μάτην εὔξῃ.”

21

Βόες μαγείρους ἀπολέσαι ποτ’ ἐζήτουν
ἔχοντας αὐτοῖς πολεμίην ἐπιστήμην·
καὶ δὴ συνηθροίζοντο πρὸς μάχην ἤδη
κέρατ’ ἀποξύνοντες. εἷς δέ τις λίην
γέρων ἐν αὐτοῖς, πολλὰ γῆν ἀροτρεύσας,

19

Die Trauben eines dunklen Weinstocks hingen
an einem Berghang. Die prall gefüllten sah
der gewitzte Fuchs und versuchte mehrfach,
mit den Füßen aufspringend, die purpurne Frucht zu berühren;
denn sie war reif und bereit für die Lese.
Aber als er sich umsonst abgemüht hatte – denn er konnte sie nicht erreichen –,
ging er daran vorbei, wobei er seinen Kummer so betrog:
»Die Traube ist sauer, nicht reif, wie ich glaubte.«

20

Ein Ochsenknecht führte seinen Wagen aus einem Dorf.
Als der in eine tiefe Schlucht fiel,
stand er, obwohl er selbst hätte helfen müssen, untätig da,
flehte aber zu Herakles, den allein von allen
Göttern er wahrhaft anbetete und verehrte.
Der Gott trat heran und sagte: »Greif in die Räder
und stachle die Ochsen an. Aber flehe zu den Göttern nur,
wenn du auch selbst etwas tust, oder du flehst vergebens.«

21

Die Ochsen wollten einmal die Metzger töten,
weil diese eine ihnen feindliche Fertigkeit besaßen.
Und so versammelten sie sich, wobei sie zur Schlacht schon
ihre Hörner schärften. Aber einer unter ihnen,
ein sehr alter, der oft das Feld gepflügt hatte,

“οὗτοι μὲν ἡμᾶς” εἶπε “χερσὶν ἐμπείροις
σφάζουσι καὶ κτείνουσι χωρὶς αἰκείης·
ἢν δ’ εἰς ἀτέχνους ἐμπέσωμεν ἀνθρώπους,
διπλοῦς τότ’ ἔσται θάνατος. οὐ γὰρ ἐλλείψει
τὸν βοῦν ὁ θύσων, κἂν μάγειρος ἐλλείψῃ.”

22

Βίου τις ἤδη τὴν μέσην ἔχων ὥρην –
νέος μὲν οὐκ ἦν, οὐδέπω δὲ πρεσβύτης –
λευκὰς μελαίνας μιγάδας ἐκλόνει χαίτας,
ἔτι ⟨δ’⟩ εἰς ἔρωτας ἐσχόλαζε καὶ κώμους.
ἤρα γυναικῶν δύο, νέης τε καὶ γραίης.
νέον μὲν αὐτὸν ἡ νεῆνις ἐζήτει
βλέπειν ἐραστήν, συγγέροντα δ’ ἡ γραίη.
τῶν οὖν τριχῶν ἑκάστοθ’ ἡ μὲν ἀκμαίη
ἔτιλλεν ἃς ηὕρισκε λευκαθιζούσας,
ἔτιλλε δ’ ἡ γραῦς εἰ μέλαιναν ηὑρήκει,
ἕως φαλακρὸν ἀντέδωκαν ἀλλήλαις,
τούτων ἑκάστη τῶν τριχῶν ἀποσπῶσα.

23

Βοηλάτης ἄνθρωπος εἰς μακρὴν ὕλην
ταῦρον κεράστην ἀπολέσας ἀνεζήτει.
ἔθηκε δ’ εὐχὴν ταῖς ὀρεινόμοις νύμφαις,
Ἑρμῇ νομαίῳ, Πανί, τοῖς πέριξ, ἄρνα
λοιβὴν παρασχεῖν, εἰ λάβοι γε τὸν κλέπτην.
ὄχθον δ’ ὑπερβὰς τὸν καλὸν βλέπει ταῦρον
λέοντι θοίνην· δυστυχὴς δ’ ἐπαρᾶται

sagte: »Die schlachten uns mit erfahrenen
Händen und töten ohne Misshandlung;
wenn wir aber unkundigen Menschen in die Hände fallen,
dann wird der Tod doppelt sein. Denn nie wird einer
fehlen, der den Ochsen schlachten wird, auch wenn der Metzger fehlt.«

22

Einer, der schon das mittlere Alter erreicht hatte –
jung war er nicht, aber auch noch nicht alt –,
trug weiße Haare durcheinander gemischt mit schwarzen,
nahm sich aber noch Zeit für Amouren und Feste.
Er liebte zwei Frauen, eine junge und eine alte.
Die junge Frau wünschte ihn als jungen
Liebhaber zu sehen, als gleichaltrigen die alte.
Von seinen Haaren rupfte nun jedesmal die, die in voller Blüte stand,
die weiß schimmernden aus, die sie fand,
die Alte aber rupfte ein schwarzes aus, wenn sie es gefunden hatte,
bis sie einander einen Kahlkopf präsentierten,
nachdem jede von ihnen ihm die Haare ausgerissen hatte.

23

Ein Ochsenknecht hatte in einem großen Wald
einen gehörnten Stier verloren und suchte ihn.
Er legte ein Gelübde ab den bergbewohnenden Nymphen,
dem Herdengott Hermes, Pan und denen ringsum, ein Lamm
als Opfer darzubringen, wenn er den Dieb fangen könne.
Als er über einen Hügel geht, sieht er den schönen Stier
als Schmaus für einen Löwen. Und in seinem Unglück gelobt er,

καὶ βοῦν προσάξειν, εἰ φύγοι γε τὸν κλέπτην.
Ἐντεῦθεν ἡμᾶς τοῦτ᾽ ἔοικε γινώσκειν,
ἄβουλον εὐχὴν τοῖς θεοῖσι μὴ πέμπειν
ἐκ τῆς πρὸς ὥρην ἐκφορουμένης λύπης.

24

Γάμοι μὲν ἦσαν Ἡλίου θέρους ὥρῃ,
τὰ ζῷα δ᾽ ἱλαροὺς ἦγε τῷ θεῷ κώμους.
καὶ βάτραχοι δὲ λιμνίους χοροὺς ἦγον·
οὓς εἶπε παύσας φρῦνος· "οὐχὶ παιάνων
τοῦτ᾽ ἐστὶν ἡμῖν, φροντίδων δὲ καὶ λύπης·
ὃς γὰρ μόνος νῦν λιβάδα πᾶσαν αὐαίνει,
τί μὴ πάθωμεν τῶν κακῶν, ἐὰν γήμας
ὅμοιον αὐτῷ παιδίον τι γεννήσῃ;"
Χαίρουσι πολλοὶ τῶν ὑπερβολῇ κούφων
ἐφ᾽ οἷς χαρὰν μέλλουσιν οὐχὶ χαιρήσειν.

25

Γνώμη λαγωοὺς εἶχε μηκέτι ζώειν,
πάντας δὲ λίμνης εἰς μέλαν πεσεῖν ὕδωρ,
ὁθούνεκ᾽ εἰσὶν ἀδρανέστατοι ζῴων
ψυχάς τ᾽ ἄτολμοι, μοῦνον εἰδότες φεύγειν.
ἐπεὶ δὲ λίμνης ἐγγὺς ἦσαν εὐρείης
καὶ βατράχων ὅμιλον εἶδον ἀκταίων
βαθέην ἐς ἰλὺν ὀκλαδιστὶ πηδώντων,
ἐπεστάθησαν, καί τις εἶπε θαρσήσας·
"ἄψ νῦν ἴωμεν. οὐκέτι χρεὼν θνῄσκειν·
ὁρῶ γὰρ ἄλλους ἀσθενεστέρους ἡμῶν."

auch ein Rind zu opfern, wenn er dem Dieb entkommen könne.
Es ziemt sich für uns, hieraus dies zu erkennen,
dass wir nicht ein unüberlegtes Gebet zu den Göttern schicken sollen
aufgrund eines sich momentan ergebenden Kummers.

24

Die Hochzeit des Helios fand in der Sommerzeit statt,
und die Tiere führten heitere Umzüge zu Ehren des Gottes an.
Auch die Frösche führten Sumpfreigen an.
Die hielt die Kröte zurück, und sie sprach: »Das ist für uns keine
Gelegenheit für Freudengesänge, sondern für Sorgen und Kummer.
Denn der trocknet nun allein den ganzen Sumpf aus,
und was an Übeln werden wir nicht erleiden, wenn er nach der Hochzeit
einen ihm gleichen Sohn zeugt?«
Viele freuen sich im Überschwang der Leichtsinnigen
über Dinge, über die sie später keine Freude empfinden werden.

25

Die Hasen fassten den Beschluss, nicht mehr zu leben,
sondern alle in das schwarze Wasser eines Teichs zu fallen,
weil sie das schwächste unter den Tieren seien
und mutlos im Herzen, und weil sie sich nur aufs Fliehen verstünden.
Als sie sich aber nahe einem breiten Teich befanden
und einen Haufen Frösche am Ufer sahen,
die mit gebeugten Knien in den tiefen Schlamm sprangen,
machten sie Halt, und einer fasste sich ein Herz und sagte:
»Lasst uns zurückkehren. Es ist nicht mehr nötig zu sterben;
denn ich sehe andere, die schwächer sind als wir.«

26

Γέρανοι γεωργοῦ κατενέμοντο τὴν χώρην
ἐσπαρμένην νεωστὶ πυρίνῳ σίτῳ.
ὁ δ᾽ ἄχρι πολλοῦ σφενδόνην κενὴν σείων
ἐδίωκεν αὐτὰς τῷ φόβῳ καταπλήσσων.
αἱ δ᾽ ὡς ἐπέσχον σφενδονῶντα τὰς αὔρας,
κατεφρόνησαν λοιπὸν ὥστε μὴ φεύγειν,
ἕως ἐκεῖνος οὐκέθ᾽ ὡς πρὶν εἰώθει,
λίθους δὲ βάλλων, ἠλόησε τὰς πλείους.
αἱ δ᾽ ἐκλιποῦσαι τὴν ἄρουραν ἀλλήλαις
"φεύγωμεν" ἐκραύγαζον "εἰς τὰ Πυγμαίων.
ἄνθρωπος οὗτος οὐκέτ᾽ ἐκφοβεῖν ἥμας
ἔοικεν, ἤδη δ᾽ ἄρχεταί τι καὶ πράσσειν."

27

Γαλῆν δόλῳ τις συλλαβών τε καὶ δήσας
ἔπνιγεν ὑδάτων ἐν συναγκίῃ κοίλῃ.
τῆς δ᾽ αὖ λεγούσης· "ὡς κακὴν χάριν τίνεις
ὧν ὠφέλουν θηρῶσα μῦς τε καὶ σαύρας"
"ἐπιμαρτυρῶ σοι" φησίν· "ἀλλὰ καὶ πάσας
ἔπνιγες ὄρνεις, πάντα δ᾽ οἶκον ἠρήμους,
βλάπτουσα μᾶλλον ἤπερ ὠφελοῦσ᾽ ἥμας."

28

Γέννημα φρύνου συνεπάτησε βοῦς πίνων.
ἐλθοῦσα δ᾽ αὐτόν (οὐ παρῆν γάρ) ἡ μήτηρ
παρὰ τῶν ἀδελφῶν ποῦ ποτ᾽ ἦν ἐπεζήτει.

26

Die Kraniche verheerten das Feld eines Bauern,
das kürzlich mit Weizensaat bestellt worden war.
Der vertrieb sie lange Zeit, indem er eine leere Schleuder
schwang und ihnen Furcht einjagte.
Als die aber inne wurden, dass er mit der Schleuder nur die Lüfte traf,
verachteten sie ihn von nun an, so dass sie nicht mehr flohen,
bis er nicht mehr wie zuvor immer verfuhr,
sondern Steine warf und die Mehrzahl verwundete.
Da verließen sie miteinander den Acker
und krächzten: »Lasst uns zu den Pygmäen fliehen.
Dieser Mensch erschreckt uns nicht mehr, wie es
scheint, sondern fängt schon an, auch etwas zu tun.«

27

Einer fing mit List ein Wiesel, fesselte es
und wollte es im zusammenfließenden Wasser eines Talgrunds ertränken.
Als es hingegen sagte: »Was für einen schlechten Dank erweist du mir
für den Nutzen, den ich dir brachte, indem ich Mäuse und Eidechsen [jagte«,
sagte der: »Das bezeuge ich dir, aber du hast auch alle
Hühner erwürgt, das ganze Haus leer gemacht
und uns mehr geschadet als genützt.«

28

Das Junge einer Kröte zertrat ein Ochse, während er trank.
Als die Mutter kam – denn sie war nicht dabei gewesen –,
erfragte sie von den Brüdern, wo es sei.

"τέθνηκε, μήτηρ· ἄρτι γάρ, πρὸ τῆς ὥρης,
ἦλθεν πάχιστον τετράπουν, ὑφ' οὗ κεῖται
χηλῇ μαλαχθείς." ἡ δὲ φρῦνος ἠρώτα,
φυσῶσ' ἑαυτήν, εἰ τοιοῦτον ἦν ὄγκῳ
τὸ ζῷον. οἱ δὲ μητρί "παῦε, μὴ πρίου.
θᾶσσον σεαυτήν" εἶπον "ἐκ μέσου ῥήξεις,
ἢ τὴν ἐκείνου ποιότητα μιμήσῃ."

29

Γέρων ποθ' ἵππος εἰς ἀλητὸν ἐπράθη,
ζευχθεὶς δ' ὑπὸ μύλην πᾶσαν ἑσπέρην ἤλει.
καὶ δὴ στενάξας εἶπεν· "ἐκ δρόμων οἵων
καμπτῆρας οἵους ἀλφίτοισι γυρεύω."

30

Γλύψας ἐπώλει λύγδινόν τις Ἑρμείην.
τὸν δ' ἠγόραζον ἄνδρες, ὃς μὲν εἰς στήλην
(υἱὸς γὰρ αὐτῷ προσφάτως ἐτεθνήκει),
ὁ δὲ χειροτέχνης ὡς θεὸν καθιδρύσων.
ἦν δ' ὀψέ, χὠ λιθουργὸς οὐκ ἐπεπράκει,
συνθέμενος αὐτοῖς εἰς τὸν ὄρθρον αὖ δεῖξαι
ἐλθοῦσιν. ὁ δὲ λιθουργὸς εἶδεν ὑπνώσας
αὐτὸν τὸν Ἑρμῆν ἐν πύλαις ὀνειρείαις
"εἶεν," λέγοντα, "τἀμὰ νῦν ταλαντεύῃ·
ἕνα γάρ με νεκρὸν ἢ θεὸν σὺ ποιήσεις."

»Es ist tot, Mutter. Denn gerade eben, vor einer Stunde,
kam ein sehr fetter Vierbeiner, von dessen Huf
zu Brei getreten es daliegt.« Und die Kröte fragte,
während sie sich aufblies, ob von solchem Umfang gewesen sei
das Tier. Die aber sagten zur Mutter: »Halt ein, lass dich nicht
provozieren. Du wirst dich schneller in der Mitte zerreißen,
als dass du seine Beschaffenheit nachahmst.«

29

Ein altes Pferd wurde einmal in eine Mühle verkauft
und musste, an die Mühle gebunden, den ganzen Abend mahlen.
Und stöhnend sprach es: »Von welchen Rennen kommend
drehe ich mich um welche Wendepunkte für Gerstenmehl!«

30

Ein Steinmetz versuchte einen marmornen Hermes zu verkaufen.
Den wollten Männer kaufen, der eine für einen Grabstein –
denn ihm war der Sohn kurz zuvor gestorben –,
der andere, ein Handwerker, um ihn als Gott aufzustellen.
Es war schon spät, und der Steinmetz hatte ihn noch nicht verkauft,
weil er mit ihnen vereinbart hatte, ihn ihnen nochmals zu zeigen,
wenn sie am Morgen kämen. Und der Steinmetz sah im Schlaf
Hermes selbst in den Toren der Träume
sagen: »Also gut, mein Schicksal liegt jetzt auf der Waagschale:
Zu einem nämlich wirst du mich machen, zum Toten oder zum Gott.«

31

Γαλαῖ ποτ᾽ εἶχον καὶ μύες πρὸς ἀλλήλους
ἄσπονδον ἀεὶ πόλεμον αἱμάτων πλήρη·
γαλαῖ δ᾽ ἐνίκων. οἱ μύες δὲ τῆς ἥττης
ἐδόκουν ὑπάρχειν αἰτίην σφίσιν ταύτην,
ὅτι στρατηγοὺς οὐκ ἔχοιεν ἐκδήλους,
ἀεὶ δ᾽ ἀτάκτως ὑπομένουσι κινδύνους.
εἵλοντο τοίνυν τοὺς γένει τε καὶ ῥώμῃ
γνώμῃ τ᾽ ἀρίστους, εἰς μάχην τε γενναίους,
οἳ σφᾶς ἐκόσμουν καὶ διεῖλον εἰς εἴλας
λόχους τε καὶ φάλαγγας, ὡς ἐν ἀνθρώποις.
ἐπεὶ δ᾽ ἐτάχθη πάντα καὶ συνηθροίσθη,
καί τις γαλῆν μῦς προὐκαλεῖτο θαρσήσας·
οἵ τε στρατηγοὶ λεπτὰ πηλίνων τοίχων
κάρφη μετώποις ἁρμόσαντες ἀκραίοις
ἡγοῦντο παντὸς ἐκφανέστατοι πλήθους,
πάλιν δὲ φύζα τοὺς μύας κατειλήφει.
ἄλλοι μὲν οὖν σωθέντες ἦσαν ἐν τρώγλαις·
τοὺς δὲ στρατηγοὺς εἰστρέχοντας οὐκ εἴα
τὰ περισσὰ κάρφη τῆς ὀπῆς ἔσω δύνειν,
Νίκη δ᾽ ἐπ᾽ αὐτοῖς καὶ τρόπαιον εἱστήκει,
γαλῆς ἑκάστης μῦν στρατηγὸν ἑλκούσης.
Λέγει δ᾽ ὁ μῦθος· εἰς τὸ ζῆν ἀκινδύνως
τῆς λαμπρότητος ηὑτέλεια βελτίων.

32

Γαλῇ ποτ᾽ ἀνδρὸς εὐπρεποῦς ἐρασθείσῃ
δίδωσι σεμνὴ Κύπρις, ἡ πόθων μήτηρ,
μορφὴν ἀμεῖψαι καὶ λαβεῖν γυναικείην,

31

Die Wiesel und die Mäuse hatten einst miteinander
ständig einen Krieg ohne Waffenstillstand und voll Blutvergießen.
Die Wiesel pflegten zu siegen. Und die Mäuse glaubten, der
Grund für ihre Niederlage sei der,
dass sie keine hervorstechenden Feldherrn hätten
und sich ständig ungeordnet den Gefahren unterzögen.
Sie wählten also die von ihrer Herkunft, ihrer Stärke
und ihrem Verstand her Besten und im Kampf Tüchtigen,
die sie ordneten und in Scharen, Lochen
und Phalangen unterteilten, wie bei den Menschen.
Als alles aufgestellt und versammelt war,
da fasste eine Maus sich ein Herz und forderte ein Wiesel heraus;
und die Feldherrn, die sich dünne Halme von den lehmigen Mauern
oben an die Stirn gebunden hatten,
führten an, am besten sichtbar von der ganzen Menge,
aber wieder erfasste die Mäuse Panik.
Alle anderen nun befanden sich gerettet in den Löchern,
als aber die Feldherrn hineinlaufen wollten,
da ließen die überflüssigen Halme sie nicht ins Loch schlüpfen,
Nike aber war bei jenen, und ein Siegesmal stand da,
während jedes Wiesel einen Mäusefeldherrn davonschleppte.
    Die Fabel sagt: Für ein Leben ohne Gefahr
ist Schlichtheit besser als Prunk.

32

Einem Wiesel, das sich einmal in einen hübschen Mann verliebte,
gewährte die erhabene Kypris, die Mutter der Begierden,
seine Gestalt zu verändern und eine weibliche anzunehmen,

καλῆς γυναικός, ἧς τις οὐχ ἑκὼν ἤρα.
ἰδὼν δ᾽ ἐκεῖνος (ἐν μέρει γὰρ ἡλώκει)
γαμεῖν ἔμελλεν. ἠρμένου δὲ τοῦ δείπνου
παρέδραμεν μῦς· τὸν δὲ τῆς βαθυστρώτου
καταβᾶσα κλίνης ἐπεδίωκεν ἡ νύμφη.
γάμου δὲ δαιτὴ ᾿λέλυτο, καὶ καλῶς παίξας
Ἔρως ἀπῆλθε· τῇ φύσει γὰρ ἡττήθη.

33

Δυσμαὶ μὲν ἦσαν Πλειάδων, σπόρου δ᾽ ὥρη,
καί τις γεωργὸς πυρὸν εἰς νεὸν ῥίψας
ἐφύλασσεν ἑστώς· καὶ γὰρ ἄκριτον πλήθει
μέλαν κολοιῶν ἔθνος ἦλθε δυσφώνων
ψᾶρές τ᾽ ὄλεθρος σπερμάτων ἀρουραίων.
τῷ δ᾽ ἠκολούθει σφενδόνην ἔχων κοίλην
παιδίσκος. οἱ δὲ ψᾶρες ἐκ συνηθείης
ἤκουον εἰ τὴν σφενδόνην ποτ᾽ ᾐτήκει,
καὶ πρὶν λαβεῖν ἔφευγον. εὗρε δὴ τέχνην
ὁ γεωργὸς ἄλλην τόν τε παῖδα φωνήσας
ἐδίδασκεν· “ὦ παῖ· χρὴ γὰρ ὀρνέων ἥμας
σοφὸν δολῶσαι φῦλον· ἡνίκ᾽ ἂν τοίνυν
ἔλθωσ᾽, ἐγὼ μέν” εἶπεν “ἄρτον αἰτήσω,
σὺ δ᾽ οὐ τὸν ἄρτον, σφενδόνην δέ μοι δώσεις.”
οἱ ψᾶρες ἦλθον κἀνέμοντο τὴν χώρην.
ὁ δ᾽ ἄρτον ᾔτει, καθάπερ εἶχε συνθήκην·
οἱ δ᾽ οὐκ ἔφευγον. τῷ δ᾽ ὁ παῖς λίθων πλήρη
τὴν σφενδόνην ἔδωκεν· ὁ δὲ γέρων ῥίψας
τοῦ μὲν τὸ βρέγμα, τοῦ δ᾽ ἔτυψε τὴν κνήμην,
ἑτέρου τὸν ὦμον, οἱ δ᾽ ἔφευγον ἐκ χώρης.
γέρανοι συνήντων καὶ τὸ συμβὰν ἠρώτων.

die einer schönen Frau, die man auch ohne zu wollen liebte.
Und als jener sie sah – denn er war seinerseits ergriffen –,
wollte er sie heiraten. Als die Hauptmahlzeit beendet war,
lief eine Maus vorbei. Der aber setzte, herabgesprungen
von dem tiefgepolsterten Speisesofa, die Braut nach.
Das Hochzeitsmahl war zerstört, und Eros, der einen schönen Spaß
gehabt hatte, ging fort. Denn er war der Natur unterlegen.

33

Es war der Untergang der Plejaden, die Zeit der Aussaat,
und ein Bauer hatte Weizen aufs Brachland geworfen,
stand da und bewachte es. Denn ein in der Menge ungeordnetes
schwarzes Volk von hässlich tönenden Dohlen war gekommen
und Stare, Verderben für die Ackersaat.
Ihm folgte mit einer hohlen Schleuder
ein Junge. Die Stare aber hörten es
gewöhnlich, wenn er einmal nach der Schleuder verlangte,
und bevor er sie ergreifen konnte, flohen sie. Da fand der Bauer
eine andere Methode, rief den Jungen und
instruierte ihn: »Mein Junge! Wir müssen ja den schlauen Stamm
der Vögel überlisten; immer wenn sie also
kommen, werde ich« sagte er, » nach Brot verlangen,
du aber wirst mir nicht Brot, sondern die Schleuder geben.«
Die Stare kamen und nahmen das Feld in Beschlag.
Der aber verlangte nach Brot, wie es ausgemacht war,
und die flohen nicht. Da gab ihm der Junge die Schleuder
voller Steine. Der Alte schwang sie,
traf den einen am Vorderkopf, den anderen am Bein,
einen anderen an der Schulter, und sie flohen von dem Feld.
Ihnen begegneten Kraniche und fragten, was geschehen sei.

καί τις κολοιῶν εἶπε· “φεύγετ’ ἀνθρώπων
γένος πονηρόν, ἄλλα μὲν πρὸς ἀλλήλους
λαλεῖν μαθόντων, ἄλλα δ’ ἔργα ποιούντων.”

34

Δήμητρι ταῦρον ὄχλος ἀγρότης θύων
ἅλω πλατεῖαν οἰνάσιν κατεστρώκει.
κρεῶν τραπέζας εἶχε καὶ πίθους οἴνου.
ἐκ τῶν δὲ παίδων ἐσθίων τις ἀπλήστως
ὑπὸ τῶν βοείων ἐγκάτων ἐφυσήθη,
κἀπῆλθ’ ἐς οἴκους γαστρὸς ὄγκον ἀλγήσας.
πεσὼν δ’ ἐφ’ ὑγραῖς μητρὸς ἀγκάλαις ἤμει,
καὶ ταῦτ’ ἐφώνει· “δυστυχὴς ἀποθνῄσκω·
τὰ σπλάγχνα γάρ, τεκοῦσα, πάντα μου πίπτει.”
ἡ δ’ εἶπε· “θάρσει κἀπόβαλλε, μὴ φείδου·
οὐ γὰρ σά, τέκνον, ἀλλ’ ἐμεῖς τὰ τοῦ ταύρου.”

35

Δύω μὲν υἱοὺς ἡ πίθηκος ὠδίνει,
τεκοῦσα δ’ αὐτοῖς ἐστιν οὐκ ἴση μήτηρ,
ἀλλ’ ὃν μὲν αὐτῶν ἀθλίης ὑπ’ εὐνοίης
θάλπουσα κόλποις ἀγρίοις ἀποπνίγει,
τὸν δ’ ὡς περισσὸν καὶ μάταιον ἐκβάλλει.
κἀκεῖνος ἐλθὼν εἰς ἐρημίην ζώει.
 Τοιοῦτο πολλῶν ἐστιν ἦθος ἀνθρώπων
οἷς ἐχθρὸς ἀεὶ μᾶλλον ἢ φίλος γίνου.

Und eine von den Dohlen sagte: »Flieht vor dem bösen
Geschlecht der Menschen, die gelernt haben, das eine
zueinander zu sagen, aber andere Werke tun.«

34

Der Demeter hatte das Landvolk einen Stier geopfert,
und es hatte die breite Tenne mit Weinlaub bestreut.
Es hatte Tische voll Fleisch und Fässer voll Wein.
Einer von den Jungen, der unersättlich aß,
schwoll von den Rindseingeweiden an
und ging nach Hause mit Schmerzen in der Last seines Bauches.
Er fiel in die weichen Arme der Mutter, erbrach sich
und rief dies: »Ich Elender muss sterben;
denn alle Eingeweide, Mutter, fallen mir heraus.«
Die aber sagte: »Wirf sie getrost weg, spare nicht damit;
denn nicht deine, mein Kind, erbrichst du, sondern die des Stiers.«

35

Zwei Söhne bringt die Äffin in ihren Wehen zur Welt,
aber nach der Geburt ist sie nicht die gleiche Mutter für sie,
sondern den einen von ihnen drückt sie in unglückseliger Zärtlichkeit
wärmend an ihre wilde Brust und erstickt ihn,
den anderen aber wirft sie als überflüssig und unnütz hinaus.
Und jener lebt, nachdem er in eine Einöde gegangen ist.
    So ist der Charakter vieler Menschen;
sei denen immer eher ein Feind als ein Freund.

36

Δρῦν αὐτόριζον ἄνεμος ἐξ ὄρους ἄρας
ἔδωκε ποταμῷ· τὴν δ' ἔσυρε κυμαίνων,
πελώριον φύτευμα τῶν πρὶν ἀνθρώπων.
πολὺς δὲ κάλαμος ἑκατέρωθεν εἱστήκει
ἐλαφρὸν ὄχθης ποταμίης ὕδωρ πίνων.
θάμβος δὲ τὴν δρῦν εἶχε, πῶς ὁ μὲν λίην
λεπτός τ' ἐὼν καὶ βληχρὸς οὐκ ἐπεπτώκει,
αὐτὴ δὲ τόσση φηγὸς ἐξεριζώθη.
σοφὸς δὲ κάλαμος εἶπε· "μηδὲν ἐκπλήσσου.
σὺ μὲν μαχομένη ταῖς πνοαῖς ἐνικήθης,
ἡμεῖς δὲ καμπτόμεσθα μαλθακῇ γνώμῃ,
κἂν βαιὸν ἡμῶν ἄνεμος ἄκρα κινήσῃ."
  Κάλαμος μὲν οὕτως· ὁ δέ γε μῦθος ἐμφαίνει
μὴ δεῖν μάχεσθαι τοῖς κρατοῦσιν, ἀλλ' εἴκειν.

37

Δαμάλης ἐν ἀγροῖς ἄφετος, ἀτριβὴς ζεύγλης,
κάμνοντι καὶ σύροντι τὴν ὕνιν ταύρῳ
"τάλας" ἐφώνει "μόχθον οἷον ὀτλεύεις."
ὁ βοῦς δ' ἐσίγα χὐπέτεμνε τὴν χώρην.
ἐπεὶ δ' ἔμελλον ἀγρόται θεοῖς θύειν,
ὁ βοῦς μὲν ὁ γέρων εἰς νομὰς ἀπεζεύχθη,
ὁ δὲ μόσχος ἀδμὴς κεῖνος εἵλκετο σχοίνῳ
δεθεὶς κέρατα, βωμὸν αἵματος πλήσων.
κἀκεῖνος αὐτῷ τοιάδ' εἶπε φωνήσας·
"εἰς ταῦτα μέντοι μὴ πονῶν ἐτηρήθης.
ὁ νέος παρέρπεις τὸν γέροντα, καὶ θύῃ,
καί σου τένοντα πέλεκυς, οὐ ζυγὸς τρίψει."

36

Eine Eiche mitsamt den Wurzeln riss der Wind vom Berg in die Höhe
und gab sie dem Fluss. Und der schleppte sie wogend dahin,
ein riesiges Pflanzprodukt der früheren Menschen.
Und viel Schilfrohr stand auf beiden Seiten,
welches das seichte Wasser am Flussufer trank.
Staunen ergriff die Eiche, wie es, obwohl es doch allzu
dünn und schwach ist, nicht niedergestürzt war,
sie selbst aber, eine so große Eiche, entwurzelt wurde.
Und das weise Schilfrohr sprach: »Wundere dich nicht!
Du wurdest im Kampf mit den Stürmen besiegt,
wir aber beugen uns in milder Einsicht,
auch wenn der Wind ein wenig unsere Spitzen bewegt.«
    So das Schilfrohr. Die Fabel zeigt,
dass man nicht mit den Mächtigen kämpfen, sondern nachgeben soll.

37

Ein Jungstier, auf den Feldern losgelassen, vom Joch noch ungerieben,
sprach zu einem Stier, der sich abmühte und die Pflugschar schleppte:
»Du Unglücklicher, welche Mühsal du erleidest!«
Das Rind aber schwieg und durchfurchte das Feld.
Und als die Landleute den Göttern opfern wollten,
wurde das alte Rind für die Weide vom Joch gelöst,
jener ungezähmte Jungstier aber weggeschleppt, mit einem Strick
an den Hörnern gefesselt, um den Altar mit seinem Blut zu bedecken.
Und jenes sprach Folgendes zu ihm und sagte:
»Dafür freilich wurdest du, ohne dich abmühen zu müssen, aufbewahrt.
Als der Junge überholst du den Alten und wirst geopfert,
und deinen Nacken wird das Beil, nicht das Joch quälen.«

38

Δρυτόμοι τινὲς σχίσαντες ἀγρίην πεύκην
ἐνεῖραν αὐτῇ σφῆνας, ὡς διασταίη,
γένοιτο δ' αὐτοῖς ὁ πόνος ὕστερον ῥᾴων.
πεύκη στένουσα "πῶς ἄν" εἶπε "μεμφοίμην
τὸν πέλεκυν, ὅς μου μὴ προσῆκε τῇ ῥίζῃ,
ὡς τοὺς κακίστους σφῆνας, ὧν ἐγὼ μήτηρ;
ἄλλος γὰρ ἄλλῃ μ' ἐμπεσὼν διαρρήσσει."

39

Δελφῖνες ἀεὶ διεφέροντο φαλλαίναις.
τούτοις παρῆλθε καρκίνος μεσιτεύων
ὡς εἴ τις ὢν ἄδοξος ἐν πολιτείῃ
στάσιν τυράννων μαχομένων ὁμηρεύοι.

40

Διέβαινε ποταμὸν ὀξὺν ὄντα τῷ ῥείθρῳ
κυρτὴ κάμηλος, εἶτ' ἔχεζε. τοῦ δ' ὄνθου
φθάνοντος αὐτὴν εἶπεν· "ἦ κακῶς πράσσω·
ἔμπροσθεν ἤδη τἀξόπισθ' ἐμοῦ βαίνει."

41

Διαρραγῆναί φασιν ἐκ μέσου νώτου
δράκοντι μῆκος ἐξισουμένην σαύραν.
  Βλάψεις σεαυτὸν κοὐδὲν ἄλλο ποιήσεις
ἢν τόν σε λίην ὑπερέχοντα μιμήσῃ.

38

Holzfäller spalteten eine wilde Fichte
und trieben ihr Keile hinein, damit sie auseinanderklaffe
und die Mühe ihnen später leichter werde.
Die Fichte ächzte und sprach: »Wie könnte ich das Beil
tadeln, das mir nicht durch die Wurzel verwandt ist,
wie die üblen Keile, deren Mutter ich bin?
Denn hier und dort eingedrungen, werden sie mich auseinanderbrechen.«

39

Die Delphine lagen ständig im Streit mit den Walen.
An die trat ein Krebs heran, um zu vermitteln,
als ob jemand, der ruhmlos ist im Staat,
den Streit kämpfender Tyrannen schlichten könnte.

40

Es überquerte einen Fluss, der reißende Strömung hatte,
ein buckliges Kamel; da musste es scheißen. Als aber der Kot
es überholte, sagte es: »Mir geht es wahrhaftig schlecht:
Schon hat das, was vom Hintern kommt, den Vortritt.«

41

Zerrissen wurde, sagt man, mitten auf dem Rücken,
weil sie der Schlange an Länge gleichkommen wollte, eine Eidechse.
  Du wirst dir selbst schaden und nichts anderes bewirken,
wenn du den, der dich allzu sehr übertrifft, imitierst.

42

Δεῖπνόν τις εἶχε λαμπρὸν ἐν πόλει θύσας.
ὁ κύων δ' ὁ τούτου κυνὶ φίλῳ συναντήσας
ἐλθεῖν πρὸς αὐτὸν ἐπὶ τὸ δεῖπνον ἠρώτα.
κἀκεῖνος ἦλθε· τὸν δὲ τοῦ σκέλους ἄρας
ὁ μάγειρος ἐκτὸς ἐξέριψε τοῦ τοίχου
ἐς τὴν ἄγυιαν. τῶν κυνῶν δ' ἐρωτώντων
ὅπως ἐδείπνησ', εἶπε· "πῶς γὰρ ἂν κρεῖσσον,
ὃς οὐδὲ ποίην ἀναλύειν με γινώσκω;"

43

Ἔλαφος κεράστης ὑπὸ τὸ καῦμα διψήσας
λίμνης ὕδωρ ἔπινεν ἡσυχαζούσης.
ἐκεῖ δ' ἑαυτοῦ τὴν σκιὴν θεωρήσας
χηλῆς μὲν ἕνεκα καὶ ποδῶν ἐλυπήθη,
ἐπὶ τοῖς δὲ κέρασιν ὡς καλοῖς ἄγαν ηὔχει.
παρῆν δὲ Νέμεσις, ἣ τὰ γαῦρα πημαίνει.
κυνηγέτας γὰρ ἄνδρας εἶδεν ἐξαίφνης
ὁμοῦ σαγήναις καὶ σκύλαξιν εὐρίνοις,
ἰδὼν δ' ἔφευγε, δίψαν οὐδέπω παύσας,
καὶ μακρὸν ἐπέρα πεδίον ἴχνεσιν κούφοις.
ἐπεὶ δὲ δὴ σύνδενδρον ἦλθεν εἰς ὕλην,
κέρατα θάμνοις ἐμπλακεὶς ἐθηρεύθη,
καὶ ταῦτ' ἔφη· "δύστηνος ὡς διεψεύσθην·
οἱ γὰρ πόδες μ' ἔσῳζον, οἷς ἐπηδούμην,
τὰ κέρατα δὲ προὔδωκεν, οἷς ἐγαυρούμην."
Περὶ τῶν σεαυτοῦ πραγμάτων ὅταν κρίνῃς,
μηδὲν βέβαιον ὑπολάβῃς προγινώσκων
μηδ' αὖτ' ἀπογνῷς, μηδ' ἀπελπίσῃς· οὕτω
σφάλλουσιν ἡμᾶς ἐνίοθ' αἱ πεποιθήσεις.

42

Jemand opferte und veranstaltete ein prächtiges Mahl in der Stadt.
Sein Hund begegnete einem befreundeten Hund
und bat ihn, zu ihm zum Mahl zu kommen.
Und jener kam. Den hob am Bein in die Höhe
der Koch und warf ihn aus dem Hause
auf die Straße. Als die Hunde ihn fragten,
wie er gespeist habe, sagte er: »Wie denn wohl besser,
der ich nicht einmal weiß, auf welchem Weg ich heimgehen soll?«

43

Ein geweihtragender Hirsch bekam, als es heiß war, Durst
und trank Wasser eines still daliegenden Teichs.
Als er nun dort sein eigenes Spiegelbild erblickte,
wurde er wegen seines Hufs und seiner Beine betrübt,
und rühmte sich wegen seines für ihn schönen Geweihs allzu sehr.
Und Nemesis war da, die dem Stolz Leid zufügt.
Denn plötzlich sah er Männer, die Jäger waren,
zugleich mit Netzen und jungen Spürhunden,
sah sie, wollte fliehen, ohne seinen Durst gestillt zu haben,
und durchquerte die Ebene auf leichten Füßen.
Als er aber nun in einen baumreichen Wald kam,
wurde er, mit seinem Geweih im Dickicht verfangen, erjagt,
und sprach dies: »Wie konnte ich Unseliger mich so täuschen!
Denn die Beine haben mich gerettet, deren ich mich schämte,
das Geweih aber hat mich verraten, auf das ich stolz war.«
    Wenn du über deine eigenen Angelegenheiten urteilst,
halte nichts für sicher, indem du voraus denkst,
aber verzweifle auch nicht und gib die Hoffnung nicht auf. So
täuschen uns manchmal die zuversichtlichen Erwartungen.

44

Ἐνέμοντο ταῦροι τρεῖς ἀεὶ μετ᾽ ἀλλήλων.
λέων δὲ τούτους συλλαβεῖν ἐφεδρεύων,
ὁμοῦ μὲν αὐτοὺς οὐκ ἔδοξε νικήσειν,
λόγοις δ᾽ ὑπούλοις διαβολαῖς τε συγκρούων
ἐχθροὺς ἐποίει, χωρίσας δ᾽ ἀπ᾽ ἀλλήλων
ἕκαστον αὐτῶν ἔσχε ῥᾳδίην θοίνην.
Ὅταν μάλιστα ζῆν θέλῃς ἀκινδύνως,
ἐχθροῖς ἀπίστει, τοὺς φίλους δ᾽ ἀεὶ τήρει.

45

Ἔνειφεν ὁ Ζεύς· αἰπόλος δέ τις φεύγων
εἰς ἄντρον εἰσήλαυνε τῶν ἀοικήτων
τὰς αἶγας ἄκρα χιόνι λευκαθιζούσας.
εὑρὼν δ᾽ ἐκεῖ τάχιον εἰσδεδυκυίας
αἶγας κερούχους ἀγρίας πολὺ πλείους
ὧν αὐτὸς ἦγε, μείζονάς τε καὶ κρείσσους,
ταῖς μὲν φέρων ἔβαλλε θαλλὸν ἐξ ὕλης,
τὰς δ᾽ ἰδίας ἀφῆκε μακρὰ λιμώττειν.
ὡς δ᾽ ᾐθρίησε, τὰς μὲν εὗρε τεθνώσας,
αἱ δ᾽ οὐκ ἔμειναν, ἀλλ᾽ ὀρῶν ἀβοσκήτων
ἀνέμβατον δρυμῶνα ποσσὶν ἠρεύνων.
ὁ δ᾽ αἰπόλος γελοῖος ἦλθεν εἰς οἴκους
αἰγῶν ἔρημος· ἐλπίσας δὲ τὰς κρείσσους
οὐκ ὤνατ᾽ οὐδ᾽ ὧν αὐτὸς εἶχεν ἐκ πρώτης.

44

Es grasten drei Stiere stets miteinander.
Der Löwe aber, der auf der Lauer lag, um sie zu packen,
glaubte, er könne sie nicht zusammen überwinden;
doch mit undurchschaubaren Verleumdungen verhetzte er sie,
machte sie zu Feinden, trennte sie voneinander
und bekam jeden von ihnen als leichten Schmaus.
Wenn du möglichst lang gefahrlos leben willst,
misstraue Feinden, aber bewahre dir immer Freunde.

45

Zeus ließ es schneien. Und ein Ziegenhirte, auf der Flucht
davor, trieb in eine Höhle, eine von den unbewohnten,
seine vom Schnee oben weiß aussehenden Ziegen.
Als er dort aber schneller hineingeschlüpfte wilde
gehörnte Ziegen fand, in viel größerer Zahl
als die, welche er selbst führte, größere und bessere,
warf er ihnen Zweige vor, die er vom Wald mitbrachte,
die eigenen jedoch ließ er lange hungern.
Als es aufheiterte, fand er die einen tot,
die anderen aber waren nicht geblieben, sondern auf die unbeweideten
Berge gestiegen und durchstreiften das Dickicht.
Der Ziegenhirte kam lächerlich nach Hause
ohne seine Ziegen. Weil er auf die Besseren gehofft hatte,
hatte er nicht einmal von denen Nutzen, die er zuerst hatte.

46

Ἔλαφος καθ' ὕλην γυῖα κοῦφα ναρκήσας
ἔκειτο πεδίων ἐν χλόῃ βαθυσχίνῳ,
ἐξ ἧς ἑτοίμην χιλὸν εἶχε πεινήσας.
ἤρχοντο δ' ἀγέλαι ποικίλων ἐκεῖ ζῴων
ἐπισκοπούντων· ἦν γὰρ ἀβλαβὴς γείτων.
ἐλθὼν δ' ἕκαστος τῆς πόης τ' ἀποτρώγων
ᾔει πρὸς ὕλας τοῦ νοσοῦντος ἀμνήμων.
ἔλαφος δὲ λίμῳ κοὐ νόσῳ κατεσκλήκει,
μή πω κορώνην δευτέρην ἀναπλήσας,
ὃς εἰ φίλους οὐκ ἔσχε, κἂν γεγηράκει.

47

Ἐν τοῖς παλαιοῖς ἦν ἀνὴρ ὑπεργήρως,
εἶχεν δὲ πολλοὺς παῖδας· οἷς ἐπισκήπτων
(ἔμελλε γὰρ δὴ τὸν βίον τελευτήσειν)
ἐκέλευσε λεπτῶν, εἴ τις ἔστι που, ῥάβδων
δέσμην ἐνεγκεῖν. ἧκέ τις φέρων ταύτην.
"πειρᾶσθε δή μοι, τέκνα, σὺν βίῃ πάσῃ
ῥάβδους κατᾶξαι δεδεμένας σὺν ἀλλήλαις."
οἱ δ' οὐ γὰρ ἠδύναντο· "κατὰ μίαν τοίνυν
πειρᾶσθ'." ἑκάστης δ' εὐχερῶς καταγείσης,
"ὦ παῖδες, οὕτως" εἶπεν, "ἢν μὲν ἀλλήλοις
ὁμοφρονῆτε πάντες, οὐδ' ἂν εἷς ὕμας
βλάψαι δύναιτο, κἂν μέγιστον ἰσχύῃ·
ἢν δ' ἄλλος ἄλλου χωρὶς ἦτε τὴν γνώμην,
πείσεσθ' ἕκαστος ταὐτὰ τῇ μιῇ ῥάβδῳ."

46

Ein Hirsch, der im Wald an seinen schnellen Gliedern steif geworden war,
lag im dicht mit Binsen bewachsenen Gras der Ebene,
von dem er reiches Futter bekam, wenn er Hunger hatte.
Es kamen aber Herden verschiedener Tiere dorthin,
um ihn zu besuchen; denn er war ein Nachbar, der keinen Schaden tat.
Doch jeder, der kam, fraß von dem Gras
und ging in die Wälder zurück, ohne an den Kranken zu denken.
Und der Hirsch magerte vor Hunger, nicht durch eine Krankheit ab,
ohne dass er noch das zweite Krähenalter vollendet hätte,
er, der, wenn er keine Freunde gehabt hätte, sehr alt geworden wäre.

47

In alten Zeiten lebte ein uralter Mann,
und er hatte viele Söhne. Als er denen seinen letzten Willen auferlegte –
denn er war nun im Begriff, sein Leben zu beenden –,
befahl er, ihm ein Bündel dünner Stäbe, wenn es irgendwo
eines gebe, zu bringen. Jemand kam und brachte es.
»Versucht mir nun, Kinder, mit aller Gewalt
die miteinander zusammengebundenen Stäbe zu zerbrechen.«
Denn die konnten es nicht. »Also versucht es mit
jedem einzelnen.« Als jeder leicht zerbrochen war,
sagte er: »Ihr Söhne, wenn ihr alle miteinander
so gleichgesinnt seid, dürfte euch auch nicht einer
schaden können, selbst wenn er die größte Macht hat;
wenn ihr aber einer vom anderen abweicht in eurer Meinung,
wird jeder von euch dasselbe erleben wie der einzelne Stab.«

48

Ἐν ὁδῷ τις Ἑρμῆς τετράγωνος εἱστήκει,
λίθων δ' ὑπ' αὐτῷ σωρὸς ἦν. κύων τούτῳ
εἶπε προσελθών· "χαῖρε πρῶτον, Ἑρμεία·
ἔπειτ' ἀλεῖψαι βούλομαί σε, μηδ' οὕτω
θεὸν παρελθεῖν, καὶ θεὸν παλαιστρίτην."
ὁ δ' εἶπεν· "ἤν μοι τοῦτο μὴ 'πιλιχμήσῃς
τοὔλαιον ἐλθών, μηδέ μοι προσουρήσῃς,
χάριν εἴσομαί σοι· ⟨καὶ⟩ πλέον με μὴ τίμα."

49

Ἐκάθευδε νύκτωρ ἐργάτης ὑπ' ἀγνοίης
φρέατος ἐγγύς. τῆς Τύχης δ' ἐπιστάσης
ἔδοξ' ἀκούειν· "οὗτος, οὐκ ἐγερθήσῃ,
μὴ σοῦ πεσόντος αἰτίη παρ' ἀνθρώποις
ἐγὼ λέγωμαι καὶ κακὴν λάβω φήμην;
ἐμοὶ γὰρ ἐγκαλοῦσι πάντα συλλήβδην,
ὅσ' ἂν παρ' αὑτοῦ δυστυχῇ τις ἢ πίπτῃ."

50

Ἔφευγ' ἀλώπηξ, τῆς δ' ὄπισθε φευγούσης
κυνηγὸς ἐτρόχαζεν. ἡ δ' ἐκεκμήκει,
δρυτόμον δ' ἰδοῦσα "πρὸς θεῶν σε σωτήρων,
κρύψον με ταύταις αἷς ἔκοψας αἰγείροις,
καὶ τῷ κυνηγῷ" φησί "μή με μηνύσῃς."
ὁ δ' οὐ προδώσειν ὤμνυ'· ἡ δ' ἀπεκρύφθη.
ἦλθεν κυνηγός, καὶ τὸν ἄνδρ' ἐπηρώτα,

48

An einem Weg stand ein viereckiger Hermes,
und unter ihm war ein Haufen Steine. Ein Hund trat heran
und sagte zu ihm: »Sei erst einmal gegrüßt, Hermeias;
dann will ich dich salben und nicht einfach so
an einem Gott vorbeigehen, noch dazu am Gott der Ringschulen.«
Der aber sagte: »Wenn du beim Weggehen nicht dieses
mein Öl ableckst und mich nicht anpisst,
werde ich dir Dank wissen. Und mehr Ehre erweise mir nicht.«

49

Es schlief nachts ein Feldarbeiter, ohne es zu wissen,
nahe einem Brunnen. Da trat Tyche heran,
und er glaubte sie zu hören: »He du, willst du wohl aufwachen,
damit nicht *ich*, wenn *du* hineinfällst, bei den Menschen
schuldig genannt werde und einen schlechten Ruf bekomme?
Denn sie werfen mir alles auf einmal vor,
was einer durch sich selbst an Unglück oder Sturz erlebt.«

50

Der Fuchs war auf der Flucht, und hinter dem Flüchtenden
rannte ein Jäger. Er war erschöpft, und als er
einen Holzfäller erblickte, sagte er: »Bei den rettenden Göttern,
versteck mich unter den Schwarzpappeln da, die du gefällt hast,
und zeige mich nicht dem Jäger an.«
Der schwur, ihn nicht zu verraten. Und er versteckte sich.
Der Jäger kam, und er fragte den Mann,

μὴ τῇδ᾽ ἀλώπηξ καταδέδυκεν ἢ φεύγει.
"οὐκ εἶδον" εἶπε, τῷ δὲ δακτύλῳ νεύων
τὸν τόπον ἐδείκνυ᾽ οὗ πανοῦργος ἐκρύφθη.
ὁ δ᾽ οὐκ ἐπισχών, τῷ λόγῳ δὲ πιστεύσας,
παρῆλθε. θερμοῦ δ᾽ ἐκφυγοῦσα κινδύνου
κερδὼ παχείης ἐξέκυπτεν αἰγείρου,
σεσηρὸς ἀσχάλλουσα. τῇ δ᾽ ὁ πρεσβύτης
"ζωαγρίους μοι χάριτας" εἶπεν "ὀφλήσεις."
"πῶς οὐκ ἄν" εἶπεν "ὧν γε μάρτυς εἱστήκειν;
ἔρρωσο τοίνυν, καὶ τὸν Ὅρκον οὐ φεύξῃ
φωνῇ με σώσας, δακτύλῳ δ᾽ ἀποκτείνας."

51

Ἐν τῷ ποτ᾽ οἴκῳ πρόβατον εἶχέ τις χήρη,
θέλουσα δ᾽ αὐτοῦ τὸν πόκον λαβεῖν μείζω
ἔκειρ᾽ ἀτέχνως, τῆς τε σαρκὸς οὐ πόρρω
τὸν μαλλὸν ἐψάλιζεν, ὥστε τιτρώσκειν.
ἀλγοῦν δὲ πρόβατον εἶπε· "μή με λυμαίνου·
πόσην γὰρ ὁλκὴν τοὐμὸν αἷμα προσθήσει;
ἀλλ᾽ εἰ κρεῶν, δέσποινα, τῶν ἐμῶν χρῄζεις,
ἔστιν μάγειρος, ὅς με συντόμως θύσει·
εἰ δ᾽ εἰρίων πόκου τε κοὐ κρεῶν χρῄζεις,
πάλιν ἔστι κουρεύς, ὃς κερεῖ με καὶ σώσει."

52

Εἰς ἄστυ τετράκυκλον ἄρσενες ταῦροι
ἅμαξαν ὤμοις εἷλκον· ἡ δ᾽ ἐτετρίγει.
καὶ τὸν βοώτην θυμὸς εἶχε, τῇ δ᾽ οὕτως

ob der Fuchs hier untergetaucht sei oder noch flüchte.
»Ich sah ihn nicht«, sagte der, doch mit dem Finger deutend
zeigte er auf den Ort, wo der Schurke versteckt war.
Der andere verweilte nicht, sondern ging vorbei, weil er dem Wort
vertraute. Und der heißen Gefahr entronnen
schaute der Fuchs unter der dichten Schwarzpappel hervor,
zähneknirschend murrend. Zu ihm sagte der alte Mann:
»Du schuldest mir Dank für die Lebensrettung.«
»Wie wohl nicht«, sagte er, » für das zumindest, wofür ich Zeuge war?
Lebe also wohl, und dem Gott des Eides wirst du nicht entgehen,
der du mich mit der Stimme gerettet, aber mit dem Finger getötet hast.«

51

In ihrem Haus hielt einst eine Witwe ein Schaf,
und weil sie mehr Wolle von ihm haben wollte,
schor sie ungeschickt und schnitt nicht weit vom Fleisch
das Fell ab, so dass sie es verwundete.
Weil ihm das wehtat, sagte das Schaf: »Misshandle mich nicht!
Wie viel Gewicht auf der Waage wird mein Blut dir dazubringen?
Doch wenn du, Herrin, mein Fleisch haben willst,
gibt es den Metzger, der mich im Nu schlachten wird;
wenn du aber Wolle und Schur und kein Fleisch willst,
gibt es wiederum den Scherer, der mich scheren und retten wird.«

52

In die Stadt zogen kräftige Stiere einen vierrädrigen
Wagen mit ihren Schultern. Der aber knarrte.
Und den Rinderhirten erfasste die Wut, er trat so

ἐγγὺς προσελθὼν εἶπεν ὥστ᾽ ἀκουσθῆναι·
"ὦ παγκάκιστον κτημάτων, τί δὴ κρώζεις
ἄλλων ἐπ᾽ ὤμοις φερομένη σιωπώντων;"
Κακοῦ πρὸς ἀνδρός ἐστι μακρὸν οἰμώζειν
ἄλλων πονούντων, αὐτὸς ὡσπερεὶ κάμνων.

53

Εἰς λύκον ἀλώπηξ ἐμπεσοῦσα δειλαίη
ζωγρεῖν ἐδεῖτο, μηδὲ γραῦν ἀποκτείνειν.
ὁ δ᾽ "ἢν λόγους μοι τρεῖς ἀληθινοὺς εἴπῃς,
ἐγώ σε νὴ τὸν Πᾶνα" φησί "ζωγρήσω."
ἡ δ᾽ "εἴθε μέν μοι πρῶτα μὴ συνηντήκεις·
ἔπειτα ⟨δ᾽⟩, εἴθε τυφλὸς ὢν ὑπηντήκεις,
τρίτον δ᾽ ἐπ᾽ αὐτοῖς" εἶπε "μὴ σύ γ᾽ εἰς ὥρας
ἵκοιο, μὴ δὴ πάλιν ἐμοὶ συναντήσῃς."

54

Εὐνοῦχος ἦλθε πρὸς θύτην ὑπὲρ παίδων
σκεψόμενος. ὁ θύτης δ᾽ ἁγνὸν ἧπαρ ἁπλώσας
"ὅταν μέν" εἶπε "τοῦτ᾽ ἴδω, πατὴρ γίνῃ,
ὅταν δὲ τὴν σὴν ὄψιν, οὐδ᾽ ἀνὴρ φαίνῃ."

55

Ἕνα βοῦν τις εἶχε, τὴν ὄνον δὲ συζεύξας
ἠροτρία, πτωχῶς μέν, ἀλλ᾽ ἀναγκαίως.
ἐπεὶ δὲ τοὖργον ἐτετέλεστο καὶ λύειν

nahe an ihn hin und sagte, dass es zu hören war:
»Du Allerschlechtestes meiner Besitztümer, was krächzt du,
getragen auf anderen Schultern, die schweigen?«
Es ist die Art eines schlechten Menschen, laut zu jammern,
wenn andere arbeiten, als ob er selbst sich abmühen würde.

53

Ein armer Fuchs, der einem Wolf in die Hände gefallen war,
bat, ihn am Leben zu lassen und ihn, den Alten, nicht zu töten.
Und der sagte: »Wenn du mir drei wahre Worte sagst,
werde ich dich, beim Pan, am Leben lassen.«
Und der sagte: »Wärest du mir erstens nie begegnet,
wärest du mir zweitens als Blinder begegnet
und dazu drittens: Mögest du diese Zeit im nächsten Jahr
nicht erleben, damit du mir nicht wieder begegnest!«

54

Ein Eunuch kam zu einem Opferpriester, um ihn über Kinder
zu befragen. Der Opferpriester breitete eine heilige Leber aus
und sagte: »Wenn ich die hier anschaue, wirst du Vater,
wenn aber dein Gesicht, siehst du nicht wie ein Mann aus.«

55

Jemand hatte einen einzigen Ochsen; den spannte er mit einem Esel an
und pflügte, armselig zwar, aber notgedrungen.
Als nun die Arbeit beendet und er im Begriff war,

ἔμελλεν αὐτούς, ἥ τ᾽ ὄνος διηρώτα
τὸν βοῦν· "τίς ἄξει τῷ γέροντι τὰ σκεύη;"
ὁ δὲ βοῦς πρὸς αὐτὴν εἶπεν· "ὅσπερ εἰώθει."

56

Εὐτεκνίης ἔπαθλα πᾶσι τοῖς ζῴοις
ὁ Ζεὺς ἔθηκε, πάντα δ᾽ ἔβλεπε κρίνων.
ἦλθεν δὲ καὶ πίθηκος, ὡς καλὴ μήτηρ,
πίθωνα γυμνὸν σιμὸν ἠρμένη κόλποις.
γέλως δ᾽ ἐπ᾽ αὐτῷ τοῖς θεοῖς ἐκινήθη.
ἡ δ᾽ εἶπεν οὕτω· "Ζεὺς μὲν οἶδε τὴν νίκην,
ἐμοὶ δὲ πάντων οὗτός ἐστι καλλίων."

57

Ἑρμῆς ἅμαξαν ψευσμάτων τε πληρώσας
ἀπάτης τε πολλῆς καὶ πανουργίης πάσης
ἤλαυνε διὰ γῆς, ἄλλο φῦλον ἐξ ἄλλου
σχεδίην ἀμείβων καὶ μέρος τι τῶν ὤνων
νέμων ἑκάστῳ μικρόν. ὡς δὲ τῷ χώρῳ
τῷ τῶν Ἀράβων ἐπῆλθε καὶ διεξῄει,
λέγουσιν αὐτοῦ συντριβεῖσαν ἐξαίφνης
ἐπισταθῆναι τὴν ἅμαξαν. οἱ δ᾽ ὥσπερ
πολύτιμον ἁρπάζοντες ἐμπόρου φόρτον,
ἐκένωσαν αὐτὴν οὐδ᾽ ἀφῆκαν εἰς ἄλλους
ἔτι προελθεῖν, καίπερ ὄντας, ἀνθρώπους.
ἐντεῦθεν Ἄραβές εἰσιν, ὡς ἐπειράθην,
ψεῦσταί τε καὶ γόητες, ὧν ἐπὶ γλώσσης
οὐδὲν κάθηται ῥῆμα τῆς ἀληθείης.

sie auszuspannen, fragte der Esel
den Ochsen: »Wer wird dem alten Mann das Gerät tragen?«
Da sagte der Ochse zu ihm: »Der, der's immer gemacht hat.«

56

Für schöne Kinder setzte Zeus allen Tieren
einen Preis aus und sah alle an, um zu urteilen.
Da kam auch die Äffin, die als eine gute Mutter
einen nackten plattnasigen Affen an der Brust trug.
Ein Gelächter wurde über ihn von den Göttern erhoben.
Die aber sprach so: »Zeus weiß zwar, wer den Sieg erringt,
aber für mich ist der hier schöner als alle.«

57

Hermes füllte einen Wagen mit Lügen,
viel Betrug und jeder Schurkerei,
zog durchs Land, wobei er von einem Stamm zum anderen
mit seinem Gefährt überwechselte und einen kleinen Teil
seiner Waren jedem zuteilte. Als er nun zum Gebiet
der Araber kam und hindurch zog,
zerbrach ihm, sagen sie, plötzlich
sein Wagen und blieb stehen. Als wäre es
die kostbare Fracht eines Kaufmanns, raubten die
und leerten ihn aus und ließen ihn auch nicht zu anderen
Menschen noch weiterfahren, obwohl es die gab.
Seither sind die Araber, wie ich aus Erfahrung weiß,
Lügner und Betrüger, auf deren Zunge
kein Wort der Wahrheit sitzt.

58

Ζεὺς ἐν πίθῳ τὰ χρηστὰ πάντα συλλέξας
ἔθηκεν αὐτὸν πωμάσας παρ᾽ ἀνθρώπῳ.
ὁ δ᾽ ἀκρατὴς ἄνθρωπος εἰδέναι σπεύδων
τί ποτ᾽ ἦν ἐν αὐτῷ, καὶ τὸ πῶμα κινήσας,
διῆκ᾽ ἀπελθεῖν αὐτὰ πρὸς θεῶν οἴκους,
κἀκεῖ πέτεσθαι τῆς τε γῆς ἄνω φεύγειν.
μόνη δ᾽ ἔμεινεν ἐλπίς, ἣν κατειλήφει
τεθὲν τὸ πῶμα. τοιγὰρ ἐλπὶς ἀνθρώποις
μόνη σύνεστι, τῶν πεφευγότων ἥμας
ἀγαθῶν ἕκαστον ἐγγυωμένη δώσειν.

59

Ζεὺς καὶ Ποσειδῶν, φασί, καὶ τρίτη τούτοις
ἤριζ᾽ Ἀθηνᾶ, τίς καλόν τι ποιήσει.
ποιεῖ μὲν ὁ Ζεὺς ἐκπρεπέστατον ζῴων
ἄνθρωπον, ἡ δὲ Παλλὰς οἶκον ἀνθρώποις,
ὁ δ᾽ αὖ Ποσειδῶν ταῦρον. ᾑρέθη τούτοις
κριτὴς ὁ Μῶμος· ἔτι γὰρ ἐν θεοῖς ᾤκει.
κἀκεῖνος, ὡς πέφυκε πάντας ἐχθραίνων,
πρῶτον μὲν εὐθὺς ἔψεγεν τὸ τοῦ ταύρου,
τῶν ὀμμάτων τὰ κέρατα μὴ κάτω κεῖσθαι,
ὡς ἂν βλέπων ἔτυπτε· τοῦ δέ γ᾽ ἀνθρώπου,
μὴ σχεῖν θυρωτὰ μηδ᾽ ἀνοικτὰ τὰ στήθη,
ὡς ἂν βλέποιτο τῷ πέλας τί βουλεύοι·
τῆς οἰκίης δέ, μὴ τροχοὺς σιδηρείους
ἐν τοῖς θεμελίοις γεγονέναι, τόπους ἄλλους
συνεξαμείβειν δεσπόταισιν ἐκδήμοις.

58

Zeus versammelte alles Gute in einem Fass,
verschloss es mit einem Deckel und stellte es bei dem Menschen ab.
Aber der unbeherrschte Mensch, eifrig bemüht zu wissen,
was denn darin sei, entfernte den Deckel
und ließ es fortgehen zu den Häusern der Götter,
dorthin fliegen und hoch über der Erde fliehen.
Allein die Hoffnung blieb, die der wieder aufgesetzte
Deckel festgehalten hatte. Also ist die Hoffnung allein
bei den Menschen und verbürgt sich dafür, dass sie
uns jedes der uns entflohenen Güter geben werde.

59

Zeus und Poseidon, erzählen sie, und als Dritte mit ihnen
Athene wetteiferten, wer etwas Schönes erschaffen werde.
Da erschafft Zeus das hervorragendste der Lebewesen,
den Menschen, Pallas ein Haus für die Menschen,
Poseidon hingegen einen Stier. Ihnen zum Schiedsrichter
wurde Momos gewählt; er wohnte nämlich noch bei den Göttern.
Und jener tadelte, weil er von Natur alle hasst,
gleich als Erstes das an dem Stier,
dass die Hörner nicht unterhalb der Augen lägen,
so dass er sehend zustoßen könnte. Und an dem Menschen,
dass die Brust keine Fenster habe und nicht geöffnet werden könne,
so dass für den Nächsten sichtbar wäre, was er plane.
Und an dem Haus, dass sich keine eisernen Räder
am Unterbau befänden, so dass es zu anderen Orten
überwechseln könne, wenn die Besitzer außer Landes gingen.

60

Ζωμοῦ χύτρῃ μῦς ἐμπεσὼν ἀπωμάστῳ
καὶ τῷ λίπει πνιγόμενος ἐκπνέων τ᾿ ἤδη
"βέβρωκα" φησί "καὶ πέπωκα καὶ πάσης
τρυφῆς πέπλησμαι· καιρός ἐστί μοι θνῄσκειν."

61

Ἤιει κυνηγὸς ἐξ ὄρους κυνηγήσας,
ᾔει δὲ γριπεὺς κύρτον ἰχθύων πλήσας.
καί πως συνηβόλησαν οἱ δύ᾿ ἀλλήλοις,
χὠ μὲν κυνηγὸς ἰχθύων ἁλιπλώων,
θήρης δ᾿ ὁ γριπεὺς ἠράτιζεν ἀγρείης,
τά τ᾿ εἶχον ἀντέδωκαν. εἶτα τὴν θήρην
ἤμειβον ἀεί, δεῖπνα δ᾿ εἶχον ἡδίω,
ἕως τις αὐτοῖς εἶπεν· "ἀλλὰ καὶ τούτων
τὸ χρηστὸν ἐξολεῖτε τῇ συνηθείῃ,
πάλιν δ᾿ ἕκαστος ἃ πρὶν εἶχε ζητήσει."

62

Ἡμίονος ἀργῆς χιλὸν ἐσθίων φάτνης
καὶ κριθιήσας ἐτρόχαζε κἀφώνει
τένοντα σείων· "ἵππος ἐστί μοι μήτηρ,
ἐγὼ δ᾿ ἐκείνης οὐδὲν ἐν δρόμοις ἥττων."
ἄφνω δ᾿ ἔπαυσε τὸν δρόμον κατηφήσας·
ὄνου γὰρ εὐθὺς πατρὸς ὢν ἀνεμνήσθη.

60

In einen deckellosen Topf mit Suppe fiel eine Maus,
und von dem Fett erstickt und schon ihren Geist aushauchend
sagte sie: »Ich habe gegessen und getrunken und mich an jeder
Art von Schwelgerei gesättigt. Es ist Zeit für mich zu sterben.«

61

Es kam ein Jäger vom Berg nach der Jagd,
und es kam ein Fischer, der seinen Korb mit Fischen gefüllt hatte.
Und irgendwie begegneten die zwei einander,
und der Jäger hatte heftiges Verlangen nach Seefischen,
der Fischer nach Wild als Jagdbeute,
und sie gaben einander, was sie hatten. Dann tauschten
sie immer ihre Beute und hatten verlockendere Speise,
bis einer zu ihnen sagte: »Aber ihr werdet auch das Gute
daran durch die Gewohnheit verderben,
und jeder wird wieder haben wollen, was er vorher hatte.«

62

Ein Maultier, das Futter aus einer schimmernden Krippe fraß,
stach der Hafer, es rannte los und rief,
den Nacken schüttelnd: »Ein Pferd ist meine Mutter,
und ich bin nicht schlechter als sie im Lauf.«
Plötzlich aber hielt es den Lauf an und war betrübt;
denn sogleich fiel ihm ein, dass sein Vater ein Esel war.

63

Ἦν τις κατ' οἴκους ἀνδρὸς εὐσεβοῦς ἥρως
ἔχων ἐν αὐλῇ τέμενος· ἔνθα δὴ θύων
στέφων τε βωμοὺς καὶ καταβρέχων οἴνῳ
προσηύχετ' ἀεί· "χαῖρε, φίλταθ' ἡρώων,
καὶ τὸν σύνοικον ἀγαθὰ δαψιλῆ ποίει."
κἀκεῖνος αὐτῷ νυκτὸς ἐν μέσαις ὥραις
"ἀγαθὸν μέν" εἶπεν "οὐδ' ἂν ⟨ἕν⟩ τις ἡρώων,
ὦ τᾶν, παράσχοι· ταῦτα τοὺς θεοὺς αἴτει·
κακῶν δὲ πάντων, ἅτε σύνεστιν ἀνθρώποις,
δοτῆρες ἡμεῖς. τοιγὰρ εἰ κακῶν χρῄζεις,
εὔχου· παρέξω πολλά, κἂν ἓν αἰτήσῃς.
πρὸς ταῦτα λοιπὸν αὐτὸς οἶδας ἣν θύσῃς."

64

Ἤριζον ἐλάτη καὶ βάτος πρὸς ἀλλήλας.
ἐλάτης δ' ἑαυτὴν πολλαχῶς ἐπαινούσης
"καλὴ μέν εἰμι καὶ τὸ μέτρον εὐμήκης,
καὶ τῶν νεφῶν σύσκηνος ὀρθίη φύω,
στέγη τε νηῶν εἰμι καὶ τρόπις πλοίων·
δένδρῳ τοσούτῳ πῶς, ἄκανθα, συγκρίνῃ;" 6/7
βάτος πρὸς αὐτὴν εἶπεν· "ἢν λάβῃς μνήμην 8
τῶν ⟨πριόνων τε⟩ τῶν ἀεί σε τεμνόντων
καὶ τῶν πελέκεων τῶν ἀεί σε κοπτόντων,
βάτος γενέσθαι καὶ σὺ μᾶλλον αἱρήσῃ."
Ἅπας ὁ λαμπρὸς τῶν ἐλασσόνων μᾶλλον
καὶ δόξαν ἔσχε χὐπέμεινε κινδύνους.

63

Im Haus eines frommen Mannes befand sich ein Heros,
der im Hof ein Heiligtum hatte. Da nun opferte er,
bekränzte den Altar, benetzte ihn mit Wein
und betete stets: »Sei gegrüßt, liebster der Heroen,
und mache deinen Hausgenossen reich an Gütern.«
Und jener sprach zu ihm zur Mitternachtsstunde:
»Auch nicht *ein* Gutes könnte einer von den Heroen,
mein Lieber, gewähren. Darum bitte die Götter;
die Geber aller üblen Dinge, die bei den Menschen wohnen,
sind wir. Wenn denn du also üble Dinge begehrst,
bete; ich gewähre viele, auch wenn du nur um eines bittest.
Mit Rücksicht darauf weißt du künftig selbst, ob du opfern sollst.«

64

Es stritten die Fichte und der Dornbusch miteinander.
Die Fichte pries sich selbst in vielfacher Hinsicht:
»Ich bin schön und in meiner Ausdehnung sehr lang,
wachse aufrecht als Mitbewohnerin der Wolken,
bin das Dach der Tempel und der Kiel der Schiffe.
Wie kannst du, Dornbusch, dich mit einem so großen Baum vergleichen?«
Der Dornbusch sagte zu ihr: »Wenn du dir die Sägen
in Erinnerung rufst, die dich ständig schneiden,
und die Beile, die dich ständig schlagen,
wirst auch du lieber ein Dornbusch sein wollen.«
    Jeder Hervorleuchtende hat mehr Ruhm
als Geringere und unterzieht sich Gefahren.

65

Ἤριζε τεφρὴ γέρανος εὐφυεῖ ταῶ⟨νι⟩
σείοντι χρυσᾶς πτέρυγας· “ἀλλ’ ἐγὼ ταύταις”
ἡ γέρανος εἶπεν, “ὧν σὺ τὴν χρόην σκώπτεις,
ἄστρων σύνεγγυς ἵπταμαί τε καὶ κράζω·
σύ δ’ ὡς ἀλέκτωρ ταῖσδε ταῖς καταχρύσοις
χαμαὶ πτερύσσῃ” φησίν “οὐδ’ ἄνω φαίνῃ.”
  Θαυμαστὸς εἶναι σὺν τρίβωνι βουλοίμην
ἢ ζῆν ἀδόξως πλουσίῃ σὺν ἐσθῆτι.

66

Θεῶν Προμηθεὺς ἦν τις, ἀλλὰ τῶν πρώτων.
τοῦτον πλάσασθαί φασι δεσπότην ζῴων
ἄνθρωπον ἐκ γῆς· ἐκ δὲ τοῦ δύω πήρας
κρεμάσαι φέροντά φασι τῶν ἐν ἀνθρώποις
κακῶν γεμούσας, τὴν πρόσω μὲν ὀθνείων,
ἰδίων δὲ ⟨τὴν⟩ ὄπισθεν, ἥτις ἦν μείζων.
διό μοι δοκοῦσι συμφορὰς μὲν ἀλλήλων
βλέπειν ἀκριβῶς, ἀγνοεῖν δὲ τὰς οἴκοι.

67

Θήρης ὄναγρος καὶ λέων ἐκοινώνουν,
ἀλκῇ μὲν ὁ λέων, ὁ δ’ ὄνος ἐν ποσὶ κρείσσων.
ἐπεὶ δὲ λείαν ἔσχον ἄφθονον ζῴων,
ὁ λέων μερίζει καὶ τίθησι τρεῖς μοίρας,
καί “τὴν μὲν αὐτός” φησί “λήψομαι πρώτην·
βασιλεὺς γάρ εἰμι· λήψομαι δὲ κἀκείνην

65

Es stritt der aschgraue Kranich mit dem wohlgestalteten Pfau,
der sein goldenes Gefieder schüttelte: »Aber ich«, sagte der
Kranich, »fliege mit diesen, deren Farbe du verlachst,
nahe den Sternen und schreie laut.
Du dagegen flatterst mit deinen goldenen da
wie ein Hahn am Boden«, sagte er, »und wirst oben nicht gesehen.«
Ich möchte lieber in einem groben Mantel bewundert sein,
als ruhmlos mit einem reichen Gewand leben.

66

Prometheus war einer der Götter, aber einer der ersten.
Er, sagen sie, schuf als Herrn über die Lebewesen
den Menschen aus Erde. Danach, sagen sie, brachte er ihm zwei
Ranzen, die voll waren von den unter den Menschen verbreiteten Fehlern,
und hängte sie ihm um, den mit den fremden nach vorne,
den mit den eigenen nach hinten, und das war der größere.
Deshalb, scheint mir, sehen sie die bösen Taten voneinander
scharf, erkennen aber ihre eigenen nicht.

67

Zur Jagd schlossen sich der Wildesel und der Löwe zusammen,
an Stärke der Löwe, der Esel aber mit seinen Füßen besser.
Als sie eine reiche Beute an Tieren hatten,
teilt der Löwe sie und legt drei Teile hin
und sagt: »Diesen werde ich selbst als ersten nehmen.
Denn ich bin König. Ich werde mir aber auch jenen nehmen,

ὡς ἐξ ἴσου κοινωνός. ἡ τρίτη δ᾽ αὕτη
κακόν τι δώσει μὴ θέλοντί σοι φεύγειν."
Μέτρει σεαυτόν· πρᾶγμα μηδὲν ἀνθρώπῳ
δυνατωτέρῳ σύναπτε μηδὲ κοινώνει.

68

Θεοῖς Ἀπόλλων ἔλεγε μακρὰ τοξεύων·
"οὐκ ἂν βάλοι τις πλεῖον, οὐδὲ τοξεύσει."
ὁ Ζεὺς δὲ παίζων ἠρίδαινε τῷ Φοίβῳ·
Ἑρμῆς δ᾽ ἔσειεν Ἄρεος ἐν κυνῇ κλήρους.
λαχὼν δ᾽ ὁ Φοῖβος τὸ τόξον ἐκκυκλώσας
τὸ βέλος ἔπηξεν ἐντὸς Ἑσπέρου κήπων.
ὁ Ζεὺς δὲ διαβὰς ταὐτὸ μέτρον εἱστήκει,
καὶ "ποῦ βάλω, παῖ;" φησίν "οὐκ ἔχω χώρην."
τόξου δὲ νίκην ἔλαβε μηδὲ τοξεύσας.

69

Θάμνου λαγωὸν δασυπόδην ἀναστήσας
κύων ἐδίωκεν οὐκ ἄπειρος ἀγρεύειν,
δρόμῳ δ᾽ ἐλείφθη. καί τις αἰπόλος σκώπτων
"ὁ πηλίκος σου" φησίν "εὑρέθη θάσσων."
ὁ δ᾽ εἶπεν· "ἄλλως ἄλλον ἁρπάσαι σπεύδων
τρέχει τις, ἄλλως δ᾽ αὑτὸν ἐκ κακοῦ σῴζων."

weil ich dir gleichberechtigt bin. Und dieser dritte
wird dir Unheil bringen, wenn du nicht fliehen willst.«
Schätze dich selbst genau ein: Mach nichts gemeinsam
mit einem Mächtigeren und schließe dich nicht mit ihm zusammen.

68

Zu den Göttern sagte Apollon, als er mit seinem Bogen weit schoss:
»Niemand könnte weiter schießen und treffen.«
Zeus aber maß sich zum Spaß in einem Wettkampf mit Phoibos.
Und Hermes schüttelte im Helm des Ares die Lose.
Phoibos nun erloste den Vortritt, krümmte den Bogen
und ließ den Pfeil in den Gärten des Hesperos haften.
Zeus aber durchschritt dieselbe Entfernung, blieb stehen
und sagte: »Wo soll ich schießen, mein Sohn? Ich habe keinen Raum.«
Er gewann den Sieg im Bogenschießen, ohne geschossen zu haben.

69

Aus einem Gebüsch scheuchte einen raufüßigen Hasen
ein Hund auf und verfolgte ihn, nicht unerfahren im Jagen,
blieb aber im Lauf hinter ihm zurück. Und spottend sagte ein Ziegenhirte:
»Was für ein Kleiner erwies sich als schneller als du!«
Der aber sprach: »Auf die eine Weise läuft einer, der sich bemüht, einen anderen
zu packen, auf die andere einer, der sich selbst vor Unheil retten will.«

70

Θεῶν γαμούντων, ὡς ἕκαστος ἐζεύχθη,
ἐφ' ἅπασι Πόλεμος ἐσχάτῳ παρῆν κλήρῳ.
Ὕβριν δὲ γήμας, ἣν μόνην κατειλήφει,
ταύτης περισσῶς, ὡς λέγουσιν, ἠράσθη,
ἕπεται δὲ ταύτῃ πανταχοῦ βαδιζούσῃ.
μήτ' οὖν ποτ' ἔθνη, μὴ πόληας ἀνθρώπων
Ὕβρις ⟨γ'⟩ ἐπέλθοι, προσγελῶσα τοῖς δήμοις,
ἐπεὶ μετ' αὐτὴν Πόλεμος εὐθέως ἥξει.

71

Ἰδὼν γεωργὸς νῆα ναυτίλων πλήρη
βάπτουσαν ἤδη κῦμα κυρτὸν ἐκ πρῴρης
"ὦ πέλαγος" εἶπεν, "εἴθε μήποτ' ἐπλεύσθης,
ἀνηλεὲς στοιχεῖον ἐχθρὸν ἀνθρώπων."
ἤκουσε δ' ἡ θάλασσα, καὶ γυναικείην
λαβοῦσα φωνὴν εἶπε· "μή με βλασφήμει·
ἐγὼ γὰρ ὑμῖν οὐδὲν αἰτίη τούτων,
ἄνεμοι δὲ πάντες, ὧν ἐγὼ μέση κεῖμαι.
τούτων δὲ χωρὶς ἢν ἴδῃς με καὶ πλεύσῃς,
ἐρεῖς με τῆς σῆς ἠπιωτέρην γαίης."

72

Ἶρίς ποτ' οὐρανοῖο πορφυρῆ κῆρυξ
πτηνοῖσι κάλλους εἶπεν ἐν θεῶν οἴκοις
ἀγῶνα κεῖσθαι· πᾶσι δ' εὐθὺς ἠκούσθη,

70

Als die Götter heirateten und jeder verehelicht war,
war nach allen anderen Polemos der Letzte, der loste.
Er aber heiratete Hybris, die allein er bekam,
und liebte sie, wie sie sagen, über die Maßen,
und er folgt ihr überall, wohin sie auch geht.
Möge denn Hybris niemals zu den Völkern, niemals zu den Städten
der Menschen kommen, die Volksmengen anlächelnd,
da nach ihr sofort Polemos kommen wird.

71

Als ein Bauer ein Schiff voller Seeleute sah,
das schon vom Bug her in die gewölbte Woge tauchte,
sagte er: »O Meer, wärst du doch niemals befahren worden,
du unbarmherziges, den Menschen feindliches Element!«
Das hörte die See, nahm eine weibliche
Stimme an und sprach: »Schmähe nicht *mich*!
Denn ich bin euch gegenüber nicht schuld daran,
sondern alle Winde, zwischen denen ich liege.
Wenn du mich ohne sie siehst und befährst,
wirst du sagen, dass ich freundlicher bin als deine Erde.«

72

Iris, die purpurne Botin des Himmels, verkündete
einmal, für die geflügelten Wesen werde in den Häusern der Götter
ein Schönheitswettbewerb veranstaltet. Von allen wurde das sogleich gehört,

καὶ πάντα θείων ἔσχεν ἵμερος δώρων.
ἔσταζε πέτρης αἰγὶ δυσβάτου κρήνη,
ὕδωρ τε θερινὸν καὶ διαυγὲς εἱστήκει·
πάντων τ᾽ ἐπ᾽ αὐτὸ φῦλον ἦλθεν ὀρνίθων,
πρόσωπα δ᾽ αὐτῶν ἐξέλουε καὶ κνήμας,
ἔσειε ταρσούς, ἐκτένιζε τὰς χαίτας.
ἦλθεν δ᾽ ἐκείνην καὶ κολοιὸς εἰς κρήνην,
γέρων κορώνης υἱός· ἄλλο δ᾽ ἐξ ἄλλου
πτερὸν καθύγρων ἐντὸς ἁρμόσας ὤμων
μόνος τὰ πάντων ποικίλως ἐκοσμήθη,
καὶ πρὸς θεοὺς ἤιξεν αἰετοῦ κρείσσων.
ὁ Ζεὺς δ᾽ ἐθάμβει, καὶ παρεῖχε τὴν νίκην
εἰ μὴ χελιδὼν αὐτὸν ὡς Ἀθηναίη
ἤλεγξεν ἑλκύσασα τὸ πτερὸν πρώτη.
ὁ δ᾽ εἶπεν αὐτῇ· "μή με συκοφαντήσῃς."
τὸν δ᾽ ἄρα τρυγὼν ἐσπάραττε καὶ κίχλη
καὶ κίσσα καὶ κορυδαλλὸς οὑν τάφοις παίζων,
χὠ νηπίων ἔφηβος ὀρνέων ἴρηξ,
τά τ᾽ ἄλλ᾽ ὁμοίως, καὶ κολοιὸς ἐγνώσθη.

73

Ἰκτῖνος ὀξὺν κλαγγὸν εἶχεν ⟨ὀρνίθων⟩·
ἵππου δ᾽ ἀκούσας χρεμετίσαντος εὐφώνως
μιμούμενος τὸν ἵππον οὔτε τὴν κρείσσω
φωνὴν θελήσας ἔσχεν οὔτε τὴν πρώτην.

und jeden ergriff das Verlangen nach den göttlichen Geschenken.
Es tropfte von einem für eine Ziege unzugänglichen Felsen eine Quelle,
und das Wasser stand sommerlich und durchsichtig.
Und dorthin kam das Volk aller Vögel,
und sie wuschen ihre Gesichter und Beine,
schüttelten ihre Federn, kämmten ihre Haare.
Und es kam zu jener Quelle auch die Dohle,
alt schon, Tochter der Krähe; sie hatte die eine Feder vom einen,
die andere vom anderen zwischen ihren feuchten Schultern angefügt
und war als Einzige von allen bunt geschmückt,
und sie eilte zu den Göttern, gewaltiger als der Adler.
Zeus staunte, und er hätte ihr den Sieg zuerkannt,
wenn nicht die Schwalbe als Athenerin
sie überführt hätte, indem sie ihr als erste eine Feder ausriss.
Die aber sagte zu ihr: »Denunziere mich nicht!«
Doch die rupften nun die Turteltaube und die Drossel
und der Eichelhäher und die Haubenlerche, die auf Gräbern tändelt,
und der Habicht, der Ephebe unter den noch kleinen Vögeln,
und gleichermaßen die anderen. Und die Dohle wurde als solche erkannt.

73

Die Gabelweihe hatte die helle Stimme der Vögel.
Als sie ein Pferd wohltönend wiehern hörte,
ahmte sie das Pferd nach und bekam weder
die bessere Stimme, die sie gewollt hatte, noch die frühere.

74

Ἵππος τε καὶ βοῦς καὶ κύων ὑπὸ ψύχους
κάμνοντες ἦλθον οἰκίην ἐς ἀνθρώπου.
κἀκεῖνος αὐτοῖς τὰς θύρας ἀναπλώσας
παρήγαγ᾽ ἔνδον, καὶ παρ᾽ ἑστίῃ θάλψας
πυρὸς γεμούσῃ παρετίθει τι τῶν ὄντων,
κριθὰς μὲν ἵππῳ, λάθυρα δ᾽ ἐργάτῃ ταύρῳ·
ὁ κύων γὰρ αὐτῷ συντράπεζος εἱστήκει.
ξενίης δ᾽ ἀμοιβὴν ἀντέδωκαν ἀνθρώπῳ
μερίσαντες αὐτῷ τῶν ἐτῶν ἀφ᾽ ὧν ἔζων·
ὁ μὲν ἵππος εὐθύ· διόπερ ἐν χρόνοις πρώτοις
ἕκαστος ἡμῶν γαῦρός ἐστι τὴν γνώμην·
ὁ δὲ βοῦς μετ᾽ αὐτόν· διόπερ εἰς μέσους ἥκων
μοχθεῖ, φίλεργός ἐστιν ὄλβον ἀθροίζων.
ὁ κύων δ᾽ ἔδωκε, φασί, τοὺς τελευταίους·
διὸ δυσκολαίνει, Βράγχε, πᾶς ὁ γηράσας,
καὶ τὸν διδόντα τὴν τροφὴν μόνον σαίνει,
ἀεὶ δ᾽ ὑλακτεῖ, καὶ ξένοισιν οὐ χαίρει.

75

Ἰατρὸς ἦν ἄτεχνος. οὗτος ἀρρώστῳ
πάντων λεγόντων "μὴ δέδιθι, σωθήσῃ·
πάθος μέν ἐστι χρόνιον, ἀλλ᾽ ἔσῃ ῥᾴων, 3
"οὐκ ἐξαπατῶ σε" φησίν "οὐδ᾽ ἐνεδρεύω· 6
ἕτοιμα δεῖ σε πάντ᾽ ἔχειν· ἀποθνῄσκεις. 5
τὴν αὔριον γὰρ μακρὸν οὐχ ὑπερβήσῃ."
ταῦτ᾽ εἶπε, καὶ τὸ λοιπὸν οὐκέτ᾽ εἰσῄει.
χρόνῳ δ᾽ ἐκεῖνος ἐκ νόσων ἀνασφήλας
προῆλθεν ὠχρός, τοῖς ποσὶν μόλις βαίνων.

74

Das Pferd, der Stier und der Hund, die unter Kälte
litten, kamen in das Haus des Menschen.
Und der öffnete ihnen seine Türen,
führte sie hinein, wärmte sie am Herd,
der voll Feuer war, und setzte ihnen vor, was er hatte,
Gerste dem Pferd, Erbsen dem Arbeitsstier;
denn der Hund stand als Tischgenosse bei ihm.
Sie schenkten dem Menschen eine Gegengabe für die Gastfreundschaft,
indem sie ihm Anteil gaben an den Jahren, die sie lebten,
das Pferd sogleich; deshalb ist in den ersten Jahren
jeder von uns hochgemut in seinem Sinn.
Der Stier nach ihm; deshalb müht man sich ab, wenn man in die
Lebensmitte gekommen ist, und ist arbeitsfreudig beim Sammeln von [Vermögen.
Der Hund aber schenkte, sagen sie, die letzten Jahre.
Deshalb, Branchos, ist jeder, der alt wurde, mürrisch
und freundlich nur zu dem, der die Nahrung gibt,
bellt aber immer und freut sich nicht über Fremde.

75

Es war einmal ein inkompetenter Arzt. Als zu einem Kranken
alle sagten: »Keine Angst, du wirst gesund;
dein Leiden braucht zwar Zeit, aber dir wird es besser gehen«,
sagte er: »Ich täusche dich nicht und mach dir nichts vor.
Du musst alles bereit halten: Du stirbst.
Denn den morgigen Tag wirst du nicht lange überleben.«
So sprach er und ging danach nicht mehr zu ihm.
Als der nach langer Zeit von seiner Krankheit genesen war,
ging er aus, blass noch und kaum auf seinen Beinen gehend.

ὁ δ' ἰατρὸς αὐτῷ "χαῖρε" φησὶν ἀντήσας,
καὶ πῶς ἔχουσιν οἱ κάτω διηρώτα.
κἀκεῖνος εἶπεν· "ἠρεμοῦσι τῆς Λήθης
πίνοντες. ἡ Κόρη δὲ χὠ μέγας Πλούτων
πρῴην ἰατροῖς δεινὰ πᾶσιν ἠπείλουν,
ὅτι τοὺς νοσοῦντας οὐκ ἐῶσ' ἀποθνῄσκειν.
ἀνέγραφον δὲ πάντας, ἐν δὲ τοῖς πρώτοις
καὶ σὲ γράφειν ἔμελλον· ἀλλ' ἐγὼ δείσας
εὐθὺς προσῆλθον, ἡψάμην τε τῶν σκήπτρων,
κἀπώμοσ' αὐτοῖς, ὅτι σὺ ταῖς ἀληθείαις
ἰατρὸς οὐκ εἶ καὶ μάτην διεβλήθης."

76

Ἱππεὺς τὸν ἵππον, ἄχρι μὲν συνειστήκει
ὁ πόλεμος, ἐκρίθιζε κἄτρεφεν χόρτῳ,
παραστάτην γενναῖον ἐν μάχαις κρίνων·
ἐπεὶ δ' ἐπαύσατ', ἦν δὲ λοιπὸν εἰρήνη
καὶ μισθὸν ἱππεὺς οὐκέτ' εἶχεν ἐκ δήμου,
τότ' ἐκεῖνος ἵππος πολλάκις μὲν ἐξ ὕλης
κορμοὺς παχεῖς κατῆγεν εἰς πόλιν βαίνων,
μισθῷ τε φόρτον ἔφερεν ἄλλοτ' ἀλλοῖον,
τὸ πνεῦμα σῴζων ἐπ' ἀχύροισι δυστήνοις,
σάγην τε νώτοις ἔφερεν οὐκέθ' ἱππεύων.
ὡς δ' αὖ πρὸ τειχῶν πόλεμος ἄλλος ἠκούσθη,
σάλπιγξ τ' ἐκέλευε πᾶσιν ἀσπίδα σμήχειν
ἵππους τε κοσμεῖν καὶ σίδηρον ὀξύνειν,
κἀκεῖνος αὖ τὸν ἵππον ἐγχαλινώσας
ὁ δεσπότης παρῆγεν ὡς ἐφιππεύσων.
ὁ δ' ὀκλάσας ἔπιπτεν οὐκέτ' ἰσχύων.
"ἔντασσε πεζοῖς σαυτόν" εἶπεν "ὁπλίταις·

Der Arzt, der ihm begegnete, sagte: »Sei gegrüßt«,
und fragte, wie es denen in der Unterwelt gehe.
Und der sagte: »Sie leben in Frieden und trinken
aus der Lethe. Kore aber und der große Pluton,
die drohten neulich allen Ärzten Schlimmes,
weil sie die Kranken nicht sterben lassen.
Sie registrierten alle und wollten unter die ersten
auch dich setzen. Doch ich, dadurch alarmiert,
trat gleich vor, fasste sie bei ihren Zeptern
und schwur ihnen, dass du in Wahrheit
kein Arzt bist und grundlos verleumdet wurdest.«

76

Ein Ritter fütterte sein Pferd, so lange der Krieg
anhielt, mit Gerste und nährte es mit Heu,
weil er in ihm einen edlen Kampfgenossen in den Schlachten sah.
Als der Krieg aber vorbei war, von nun an Frieden herrschte
und der Ritter keinen Sold mehr von seinem Demos bekam,
da musste jenes Pferd oft aus dem Wald
dicke Holzklötze heimbringen, wenn es zur Stadt ging,
und gegen Miete bald diese, bald jene Last tragen,
wobei es sein Leben auf erbärmlicher Streu fristete
und auf dem Rücken Geschirr trug, doch keinen Reiter mehr.
Als aber wieder vor den Mauern ein anderer Krieg zu hören war
und die Trompete allen befahl, den Schild zu polieren,
die Pferde zu rüsten und den Stahl zu schärfen,
da zäumte auch jener Herr wieder sein Pferd auf
und führte es vor, um aufzusitzen.
Das aber sank in die Knie und hatte nicht mehr die Kraft.
»Reihe dich den zu Fuß kämpfenden Hopliten ein«, sagte es,

σὺ γάρ μ᾽ ἀφ᾽ ἵππων εἰς ὄνους μεταστήσας
πῶς αὖθις ἵππον ἐξ ὄνου με ποιήσεις;”

77

Κόραξ δεδηχὼς στόματι τυρὸν εἱστήκει·
τυροῦ δ᾽ ἀλώπηξ ἰχανῶσα κερδῴη
μύθῳ τὸν ὄρνιν ἠπάτησε τοιούτῳ·
“κόραξ, καλαί σοι πτέρυγες, ὀξέη γλήνη,
θεητὸς αὐχήν· στέρνον αἰετοῦ φαίνεις,
ὄνυξι πάντων θηρίων κατισχύεις.
ὁ τοῖος ὄρνις κωφός ἐσσι κοὐ κρώζεις.”
κόραξ δ᾽ ἐπαίνῳ καρδίην ἐχαυνώθη,
στόματος δὲ τυρὸν ἐκβαλὼν ἐκεκράγει.
τὸν ἡ σοφὴ λαβοῦσα κερτόμῳ γλώσσῃ
“οὐκ ἦσθ᾽ ἄφωνος” εἶπεν “ἀλλὰ φωνήεις·
ἔχεις, κόραξ, ἅπαντα, νοῦς δέ σοι λείπει.”

78

Κόραξ νοσήσας εἶπε μητρὶ κλαιούσῃ·
“μὴ κλαῖε, μῆτερ, ἀλλὰ τοῖς θεοῖς εὔχου
νόσου με δεινῆς καὶ πόνων ἀνασφῆλαι.”
“καὶ τίς σε, τέκνον” φησί “τῶν θεῶν σώσει;
τίνος γὰρ ὑπὸ σοῦ βωμὸς οὐκ ἐσυλήθη;”

»denn da du mich von den Pferden zu den Eseln verpflanzt hast,
wie willst du mich aus einem Esel wieder zum Pferd machen?«

77

Der Rabe stand da, mit dem Mund auf einen Käse beißend.
Den Käse aber begehrte der listige Fuchs,
und er täuschte den Vogel mit solchen Worten:
»Rabe, deine Flügel sind schön, dein Auge ist scharf,
dein Nacken sehenswert; du zeigst die Brust eines Adlers,
bist mit den Krallen allen Tieren überlegen.
Du, ein solcher Vogel, bist stumm und krächzt nicht!«
Und der Rabe wurde von dem Lob vor Stolz aufgebläht,
ließ aus dem Mund den Käse fallen und krächzte.
Den nahm der Schlaue und sagte mit spottender Zunge:
»Du warst nicht stimmlos, sondern du hast Stimme:
Du hast alles, Rabe, Verstand aber fehlt dir.«

78

Der Rabe, der erkrankt war, sagte zu seiner weinenden Mutter:
»Weine nicht, Mutter, sondern bete zu den Göttern,
dass sie mich von der schrecklichen Krankheit und den Leiden wieder aufrichten.«
»Und wer von den Göttern«, sagte sie, »wird dich, Kind, retten?
Denn wessen Altar wurde von dir nicht beraubt?«

79

Κρέας κύων ἔκλεψεν ἐκ μαγειρείου,
καὶ δὴ παρῄει ποταμόν· ἐν δὲ τῷ ῥείθρῳ
πολὺ τοῦ κρέως ἰδοῦσα τὴν σκιὴν μείζω,
τὸ κρέας ἀφῆκε, τῇ σκιῇ δ' ἐφωρμήθη.
ἀλλ' οὔτ' ἐκείνην εὗρεν οὔθ' ὃ βεβλήκει,
πεινῶσα δ' ὀπίσω τὸν πόρον διεξῄει.

80

Κάμηλον ἠνάγκαζε δεσπότης πίνων
ὀρχεῖσθ' ὑπ' αὐλοῖς κυμβάλοις τε χαλκείοις.
ἡ δ' εἶπ'· "ἐμοὶ γένοιτο κἂν ὁδῷ βαίνειν
ἄνευ γέλωτος, μήτι κἂν χορῷ παίζειν."

81

Κερδοῖ πίθηκος εἶπεν· "ἣν ὁρᾷς στήλην,
ἐμοὶ πατρῴη τ' ἐστὶ κἄτι παππῴη."
κερδὼ πιθήκῳ φησίν· "ὡς θέλεις ψεύδου,
ἔλεγχον οὐκ ἔχουσα τῆς ἀληθείης."

82

Κοιμωμένου λέοντος ἀγρίης χαίτης
διέδραμεν μῦς· ὁ δὲ λέων ἐθυμώθη,
φρίξας δὲ χαίτην ἔθορε φωλάδος κοίτης.
κερδὼ δ' ἐπεχλεύαζεν, ὡς ἐκινήθη

79

Eine Hündin stahl Fleisch aus einer Küche
und lief nun am Fluss entlang; als sie aber in der Strömung
den viel größeren Schatten des Fleisches sah,
ließ sie das Fleisch fallen und sprang nach dem Schatten.
Doch sie fand weder ihn noch das, was sie weggeworfen hatte,
und ging hungrig den Weg zurück.

80

Sein Kamel versuchte der Besitzer, der zechte, dazu zu zwingen,
zu Flöten und ehernen Zimbeln zu tanzen.
Aber es sagte: »Mir geschehe es, dass ich auf einem Weg schreite,
ohne Gelächter zu erregen, aber nicht beim Tanz herumalbere.«

81

Zum Fuchs sprach der Affe: »Der Grabstein, den du siehst,
steht da für meinen Vater und meinen Großvater.«
Der Fuchs sagte zum Affen: »Lüge, wie du willst,
der du kein Beweismittel für die Wahrheit hast.«

82

Als der Löwe schlief, lief durch seine wilde
Mähne eine Maus. Der Löwe wurde wütend,
sträubte seine Mähne und sprang von seinem Ruhelager.
Da spottete der Fuchs, weil sich in Bewegung setzen ließ

πρὸς μῦν ὁ πάντων θηρίων δυναστεύων.
ὁ δ' "οὐχὶ τὸν μῦν" εἶπεν, "ὦ παλαμναίη,
δέδοικα, μή μου τὴν δορὴν κνίσῃ φεύγων·
κακὴν δὲ μελέτην ἐπ' ἐμὲ τὴν ὁδὸν τρίβειν."

83

Κριθάς τις ἵππου πᾶσαν ἑσπέρην πίνων,
ἔτριβεν ἐκτένιζεν ἡμέρῃ πάσῃ.
ὁ δ' εἶπεν· "εἰ θέλεις με ταῖς ἀληθείαις
καλὸν γενέσθαι, τὸ τρέφον με μὴ πώλει."

84

Κώνωψ ἐπιστὰς κέρατι καμπύλῳ ταύρου
μικρόν τ' ἐπισχὼν εἶπε ταῦτα βομβήσας·
"εἴ σου βαρύνω τὸν τένοντα καὶ κλίνω,
καθεδοῦμ' ἀπελθὼν ποταμίης ἐπ' αἰγείρου."
ὁ δ' "οὐ μέλει μοι" φησίν "οὔτ' ἐὰν μείνῃς,
οὔτ' ἢν ἀπέλθῃς· οὐδ' ὅτ' ἦλθες ἐγνώκειν."

85

Κυσίν ποτ' ἔχθρη καὶ λύκοις συνειστήκει.
κύων δ' Ἀχαιὸς ᾑρέθη κυνῶν δήμου
στρατηγὸς εἶναι. καὶ μάχης ἐπιστήμων
ἔμελλεν ἐβράδυνεν. οἱ δ' ἐπηπείλουν,
εἰ μὴ προάξει, τὴν μάχην ⟨δ'⟩ ἐνεδρεύσει.
"ἀκούσατ'" εἶπεν "οὗ χάριν διατρίβω,

angesichts einer Maus der Herrscher über alle Tiere.
Der aber sagte: »Nicht die Maus, du Schurke,
fürchte ich, dass sie mir die Haut ritzen und entkommen könnte,
sondern die üble Angewohnheit, auf mir hin und her zu laufen.«

83

Die Gerste seines Pferdes vertrank einer den ganzen Abend
und striegelte und kämmte es am ganzen Tag.
Da sagte es: »Wenn du willst, dass ich wahrhaftig
schön werde, verkaufe nicht das, was mich nährt.«

84

Die Mücke stellte sich auf das gekrümmte Horn des Stiers,
verweilte etwas und sagte summend dies:
»Wenn ich dir den Nacken beschweren und niederbeugen kann,
will ich weggehen und mich auf die Schwarzpappel am Fluss setzen.«
Da sagte der: »Mich schert weder, ob du bleibst,
noch, ob du weggehst; auch als du kamst, habe ich es nicht gemerkt.«

85

Zwischen den Hunden und den Wölfen bestand einst Feindschaft.
Da wurde ein achaiischer Hund gewählt, Heerführer des Volkes
der Hunde zu sein. Und der, im Kampf erfahren,
zauderte, zögerte. Die aber bedrohten ihn für den Fall,
dass er sie nicht vorwärtsführen, sondern die Schlacht verhindern werde.
»Hört«, sagte er, »weswegen ich zögere,

τί δ' εὐλαβοῦμαι· χρὴ δ' ἀεὶ προβουλεύειν.
τῶν μὲν πολεμίων τὸ γένος ὧν ὁρῶ πάντων
ἕν ἐστιν· ἡμῶν δ' ἦλθον οἱ μὲν ἐκ Κρήτης,
οἱ δ' ἐκ Μολοσσῶν εἰσιν, οἱ δ' Ἀκαρνάνων,
ἄλλοι δὲ Δόλοπες, οἱ δὲ Κύπρον ἢ Θρᾴκην
αὐχοῦσιν, ἄλλοι δ' ἄλλοθεν – τί μηκύνω;
τὸ χρῶμα δ' ἡμῖν οὐχ ἕν ἐστιν ὡς τούτοις,
ἀλλ' οἱ μὲν ἡμῶν μέλανες, οἱ δὲ τεφρώδεις,
ἔνιοι δὲ πυρροὶ καὶ διάργεμοι στήθη,
ἄλλοι δὲ λευκοί. πῶς ἂν οὖν δυνηθείην
εἰς πόλεμον ἄρχειν" εἶπε "τῶν ἀσυμφώνων
πρὸς τοὺς ὅμοια πάντ' ἔχοντας ἀλλήλοις;"

86

Κοίλωμα ῥίζης φηγὸς εἶχεν ἀρχαίη·
ἐν τῇ δ' ἔκειτο ῥωγὰς αἰπόλου πήρη
ἄρτων ἑώλων πᾶσα καὶ κρεῶν πλήρης.
ταύτην ἀλώπηξ εἰσδραμοῦσα τὴν πήρην
ἐξέφαγε· γαστὴρ δ', ὥσπερ εἰκός, ὠγκώθη,
στενῆς δὲ τρώγλης οὐκέτ' εἶχεν ἐκδῦναι.
ἑτέρη δ' ἀλώπηξ ὡς ἐπῆλθε κλαιούσῃ,
σκώπτουσα "μεῖνον" εἶπεν "ἄχρι πεινήσῃς·
οὐκ ἐξελεύσῃ πρότερον ἄχρι τοιαύτην
τὴν γαστέρα σχῇς, ἡλίκην ὅτ' εἰσῄεις."

87

Κύων λαγωὸν ἐξ ὄρους ἀναστήσας
ἐδίωκε· δάκνων αὐτὸν εἰ κατειλήφει,

warum ich vorsichtig bin: Man muss immer vorher überlegen.
Die Rasse all derer, die ich als unsere Feinde sehe,
ist eine einzige. Von uns aber kamen die einen aus Kreta,
die anderen sind Molosser, weitere Akarnanen,
andere Doloper, die wieder sind auf Kypros und Thrakien
stolz, andere sind anderswo her – was rede ich lange?
Wir haben keine einheitliche Farbe wie sie,
sondern die einen von uns sind schwarz, die anderen aschgrau,
einige rot und an der Brust gefleckt,
andere weiß. Wie könnte ich denn nun«, sagte er,
»die voneinander sich Unterscheidenden in den Krieg führen
gegen diejenigen, die in allem einander gleichen?«

86

Einen Hohlraum in der Wurzel hatte eine alte Eiche;
darin lag der zerschlissene Ranzen eines Ziegenhirten,
ganz voll von Brot und Fleisch vom Vortag.
Ein Fuchs lief hinein und aß diesen Ranzen
leer; sein Bauch war, wie natürlich ist, angeschwollen,
und er konnte aus dem engen Loch nicht mehr herauskriechen.
Ein anderer Fuchs, der, als er weinte, dazukam,
sagte spottend: »Warte, bis du Hunger hast;
du wirst nicht eher herauskommen, als bis du einen solchen
Bauch bekommst wie den mit dem Umfang, als du hineingingst.«

87

Ein Hund jagte einen Hasen aus den Bergen auf
und verfolgte ihn; er biss ihn, wenn er ihn eingeholt hatte,

μεταστραφέντ᾽ ἔσαινεν ὡς φίλῳ ψαύων.
ὁ λαγωός "ἁπλοῦν" εἶπε "θηρίον γίνου.
φίλος εἶ· τί δάκνεις; ἐχθρὸς εἶ· τί οὖν σαίνεις;"

88

Κορυδαλλὸς ἦν τις ἐν χλόῃ νεοσσεύων,
ὁ τῷ χαραδριῷ πρὸς τὸν ὄρθρον ἀντᾴδων,
καὶ παῖδας εἶχε ληίου κόμῃ θρέψας
λοφῶντας ἤδη καὶ πτεροῖσιν ἀκμαίους.
ὁ δὲ τῆς ἀρούρης δεσπότης ἐποπτεύων
ὡς ξηρὸν εἶδε τὸ θέρος, εἶπε· "νῦν ὥρη
πάντας καλεῖν μοι τοὺς φίλους, ἵν᾽ ἀμήσω."
καί τις κορυδοῦ τῶν λοφηφόρων παίδων
ἤκουσεν αὐτοῦ, τῷ τε πατρὶ μηνύει,
σκοπεῖν κελεύων ποῦ σφέας μεταστήσει.
ὁ δ᾽ εἶπεν· "οὔπω καιρός ἐστι νῦν φεύγειν.
ὃς γὰρ φίλοις πέποιθεν, οὐκ ἄγαν σπεύδει."
ὡς δ᾽ αὖτις ἦλθεν, ἡλίου δ᾽ ὑπ᾽ ἀκτίνων
ἤδη ῥέοντα τὸν στάχυν θεωρήσας
μισθὸν μὲν ἀμητῆρσιν αὔριον δώσειν,
μισθὸν δέ φησι δραγματηφόροις δώσειν,
κορυδαλλὸς εἶπε παισὶ νηπίοις· "ὄντως
νῦν ἐστὶν ὥρη, παῖδες, ἀλλαχοῦ φεύγειν,
ὅτ᾽ αὐτὸς αὑτῷ κοὐ φίλοισι πιστεύει."

er war, wenn der sich umdrehte, freundlich und berührte ihn wie einen [Freund.
Der Hase sagte: »Sei ein ehrliches Tier.
Du bist ein Freund: Was beißt du dann? Bist du ein Feind: Was bist du dann freundlich?«

88

Es war einmal eine Haubenlerche, die in einem jungen Saatfeld nistete,
sie, die früh am Morgen gegen den Regenpfeifer ansingt,
und sie hatte Junge, die sie mit den Halmen der Saatfrucht ernährt hatte
und die schon ihre Hauben trugen und flügge waren.
Da kam der Besitzer des Ackers, um nachzusehen,
und als er sah, dass die Ähren gelb gefärbt waren, sagte er: »Jetzt ist es Zeit,
mir alle Freunde zu rufen, damit ich mähen kann.«
Und eines von den haubentragenden Jungen der Lerche
hörte ihn, meldet es der Mutter
und fordert sie auf zu überlegen, wohin sie sie umsiedeln könnte.
Die aber sprach: »Es ist jetzt noch nicht Zeit wegzugehen;
denn wer sich auf Freunde verlässt, dem eilt es nicht zu sehr.«
Als er aber wiederum kam, sah, dass unter
den Sonnenstrahlen schon das Korn herabrieselte,
und anordnete, man möge den Schnittern morgen ihren Lohn geben
und den Garbenträgern ihren Lohn geben,
da sagte die Haubenlerche zu den kleinen Jungen: »Jetzt
ist es wirklich Zeit, Kinder, anderswohin wegzugehen,
da er sich auf sich selbst und nicht auf Freunde verlässt.«

89

Λύκος ποτ᾽ ἄρνα πεπλανημένον ποίμνης
ἰδὼν βίῃ μὲν οὐκ ἐπῆλθεν ἁρπάξων,
ἔγκλημα δ᾽ ἔχθρης εὐπρόσωπον ἐζήτει.
"σύ τοί με πέρυσι μικρὸς ὢν ἐβλασφήμεις."
"ἐγώ σε πέρυσιν, ὅς ⟨γ᾽⟩ ἐπ᾽ ἔτος ἐγεννήθην;"
"οὔκουν σὺ τὴν ἄρουραν ἣν ἔχω κείρεις;"
"οὔπω τι χλωρὸν ἔφαγον, οὐδ᾽ ἐβοσκήθην."
"οὐδ᾽ ἄρα πηγὴν ἐκπέπωκας ἣν πίνω;"
"θηλὴ μεθύσκει μέχρι νῦν με μητρῴη."
τότε δὴ τὸν ἄρνα συλλαβών τε καὶ τρώγων
"ἀλλ᾽ οὐκ ἄδειπνον" εἶπε "τὸν λύκον θήσεις,
κἂν εὐχερῶς μου πᾶσαν αἰτίην λύσῃς."

90

Λέων ἐλύσσα. τὸν δὲ νεβρὸς ἐξ ὕλης
ἰδὼν ἔφησεν· "ἡμέων ταλαιπώρων·
τί γὰρ μεμηνὼς οὗτος οὐχὶ ποιήσει,
ὃς ἦν φορητὸς οὐδὲ σωφρονῶν ἥμιν;"

91

Λέοντα φεύγων ταῦρος εἰς ἐρημαίην
σπήλυγγα κατέδυ ποιμένων ὀρειφοίτων,
ὅπου τράγος τις χωρὶς αἰπόλου μείνας
τὸν ταῦρον ἐμβὰς τοῖς κέρασιν ἐξώθει.
ὁ δ᾽ εἶπεν· "οὐ σέ, τὸν λέοντα δ᾽ ἐκκλίνων

89

Als der Wolf einmal ein fern der Herde umherirrendes Lamm
sah, ging er nicht auf dieses los, um es mit Gewalt zu reißen,
sondern suchte zur Rechtfertigung der Feindschaft einen gut aussehenden
»Du hast mich ja vor einem Jahr, noch klein, geschmäht.« [Vorwurf.
»Ich dich vor einem Jahr, das ich doch während des Jahres geboren
»Weidest du denn nicht den Acker ab, den ich besitze?« [wurde?«
»Ich fraß noch nichts Grünes und wurde nicht auf die Weide gebracht.«
»Hast du nicht aus der Quelle getrunken, aus der ich trinke?«
»Das Euter der Mutter berauscht mich bis jetzt.«
Da packte er das Lamm, und während er es fraß,
sagte er: »Aber du wirst den Wolf nicht mahlzeitlos machen,
auch wenn du leicht jede Beschuldigung meinerseits außer Kraft setzt.«

90

Der Löwe war rasend vor Wut. Ihn sah ein Hirschkalb vom
Wald her und sagte: »Wehe, wir Armen!
Denn was wird der in seinem Wahnsinn nicht tun,
der für uns auch nicht erträglich war, wenn er Verstand zeigte?«

91

Auf der Flucht vor dem Löwen drang ein Stier in
eine verlassene Höhle der Berghirten ein,
wo ein Ziegenbock, getrennt von der Herde geblieben,
dem Stier in den Weg trat und ihn mit den Hörnern herauszustoßen
versuchte.
Der aber sagte: »Da ich nicht dir, sondern dem Löwen ausweiche,

ἀνέξομαί σου μικρὰ τῆς ἐπηρείης·
ἐπεὶ παρελθέτω με, καὶ τότε γνώσῃ
πόσον τράγου μεταξὺ καὶ πόσον ταύρου."

92

Λέοντά τις κυνηγὸς οὐχὶ τολμήεις
ἴχνευεν ὀρέων ἐν βαθυσκίοις ὕλαις·
δρυτόμῳ δὲ μακρῆς ἐγγὺς ἐντυχὼν πεύκης
"ὦ πρός σε νυμφῶν" εἶπεν, "ἆρα γινώσκεις
ἴχνη λέοντος, ὅστις ὧδε φωλεύει;"
κἀκεῖνος εἶπεν· "ἀλλὰ σὺν θεῷ βαίνεις·
αὐτὸν γὰρ ἤδη τὸν λέοντά σοι δείξω."
ὁ δ' ὠχριήσας γομφίους τε συγκρούων
"μή μοι χαρίζου" φησί "πλεῖον οὗ χρῄζω,
τὸ δ' ἴχνος εἰπέ· τὸν λέοντα μὴ δείξῃς."

93

Λύκων παρῆσαν ἄγγελοί ποτ' εἰς ποίμνην
ὅρκους φέροντες καὶ βέβαιον εἰρήνην,
ἐφ' ᾧ λάβωσι τοὺς κύνας πρὸς αἰκείην
δι' οὓς μάχονται καὶ κοτοῦσιν ἀλλήλοις.
μωρὴ δὲ ποίμνη καὶ τὰ πάντα βληχρώδης
πέμπειν ἔμελλεν. ἀλλά τις γέρων ἤδη
κριὸς βαθείῃ φρικὶ μαλλὸν ὀρθώσας
"καινῆς γε ταύτης" εἶπε "τῆς μεσιτείης.
ἀφύλακτος ὑμῖν πῶς ἐγὼ συνοικήσω,
δι' οὓς νέμεσθαι μηδὲ νῦν ἀκινδύνως
ἔξεστι, καίτοι τῶν κυνῶν με τηρούντων;"

will ich ein Weilchen deinen Übermut aushalten.
Denn er soll nur an mir vorbeigehen, und dann wirst du erfahren,
welch großer Unterschied zwischen einem Bock und einem Stier ist.«

92

Dem Löwen war ein nicht wagemutiger Jäger
in den tiefbeschatteten Wäldern eines Gebirges auf der Spur.
Als er nahe einer hohen Fichte einem Holzfäller begegnete,
sagte er: »Bei den Nymphen, hast du die Spuren
des Löwen erkannt, der sich hier versteckt?«
Und jener sprach: »Ja, du gehst mit einem Gott;
denn ich werde dir jetzt den Löwen selbst zeigen.«
Der aber erbleichte, klapperte mit den Zähnen
und sagte: »Tu mir nicht mehr zuliebe, als ich wünsche,
sondern sage mir etwas über die Spur; den Löwen zeige mir nicht.«

93

Gesandte der Wölfe kamen einmal zur Schafherde
und brachten Eide und einen sicheren Frieden
unter der Bedingung, dass sie die Hunde zur Misshandlung bekämen,
derentwegen sie kämpften und einander feind seien.
Die dumme und in jeder Hinsicht schwache Herde
war drauf und dran, sie zu schicken. Aber ein schon alter
Widder, der sein gesträubtes Fell noch höher aufrichtete,
sagte: »Was für eine unerhörte Vereinbarung!
Wie soll ich ungeschützt mit euch zusammenleben,
derentwegen es auch jetzt nicht möglich ist, gefahrlos
zu weiden, obwohl die Hunde mich bewachen?«

94

Λύκῳ ποτ᾽ ὀστοῦν φάρυγος ἐντὸς ἠρείσθη·
ἐρῳδιῷ δὲ μισθὸν ἄξιον δώσειν
ἔταξε, τὸν τράχηλον εἰ καθιμήσας
ἀνελκύσειε καὶ πόνων ἄκος δοίη.
ὁ δ᾽ ἑλκύσας τὸν μισθὸν εὐθέως ᾔτει.
κἀκεῖνος αὐτῷ, κάρχαρόν τι μειδήσας,
"σοὶ μισθὸς ἀρκεῖ" φησί "τῶν ἰατρείων
κεφαλὴν λυκείου στόματος ἐξελεῖν σῴην."
Κακοῖς βοηθῶν μισθὸν ἀγαθὸν οὐ λήψῃ,
ἀλλ᾽ ἀρκέσει σοι μή τι ⟨καὶ⟩ κακὸν πάσχειν.

95

Λέων νοσήσας ἐν φάραγγι πετραίῃ
ἔκειτο νωθρὰ γυῖα γῆς ἐφαπλώσας,
φίλην δ᾽ ἀλώπεκ᾽ εἶχεν ᾗ προσωμίλει.
ταύτῃ ποτ᾽ εἶπεν· "εἰ θέλεις με σὺ ζῴειν –
πεινῶ γὰρ ἐλάφου τῆς ὑπ᾽ ἀγρίαις πεύκαις
κεῖνον τὸν ὑλήεντα δρυμὸν οἰκούσης,
καὶ νῦν διώκειν ἔλαφον οὐκέτ᾽ ἰσχύω·
σὺ δ᾽ ἢν θελήσῃς, χεῖρας εἰς ἐμὰς ἥξει
λόγοισι θηρευθεῖσα σοῖς μελιγλώσσοις."
ἀπῆλθε κερδώ, τὴν δ᾽ ὑπ᾽ ἀγρίαις ὕλαις
σκιρτῶσαν εὗρε μαλθακῆς ὑπὲρ ποίης.
ἔσηνε δ᾽ αὐτὴν πρῶτον, εἶτα καὶ χαίρειν
προσεῖπε, χρηστῶν τ᾽ ἄγγελος λόγων ἥκειν.
"ὁ λέων" ἔφασκεν, "οἶσθας, ἔστι μοι γείτων,
ἔχει δὲ φαύλως, κἀγγύς ἐστι τοῦ θνῄσκειν.

94

Dem Wolf blieb einmal ein Knochen im Rachen stecken.
Da ordnete er an, dem Reiher einen würdigen Lohn
zu geben, wenn er seinen Hals hineinsenke,
ihn herausziehe und Heilung von den Leiden schenke.
Als der ihn herausgezogen hatte, verlangte er sofort den Lohn.
Und jener sagte zu ihm, scharfzähnig grinsend:
»Für dich genügt als Lohn, das heißt als Arzthonorar,
den Kopf heil aus dem Wolfsmaul herausgenommen zu haben.«

Wenn du den Schlechten hilfst, wirst du keinen guten Lohn erhalten,
sondern es wird dir genügen, nicht auch noch etwas Schlechtes zu erleiden.

95

Der Löwe lag krank in einer Felsenhöhle,
die matten Glieder auf der Erde ausgestreckt,
er hatte aber den Fuchs als Freund, mit dem er sich unterhielt.
Zu ihm sagte er einmal: »Wenn du willst, dass ich lebe –
denn ich habe Hunger auf den Hirsch, der unter den wilden Fichten
den holzreichen Wald dort bewohnt,
und jetzt habe ich nicht mehr die Kraft, einen Hirsch zu verfolgen;
wenn du aber willst, wird er in meine Hände geraten,
erjagt durch deine süßtönenden Worte.«
Der Fuchs ging davon und fand den in den wilden
Wäldern, wie er über weiches Gras sprang.
Und er zeigte sich ihm zuerst freundlich, dann entbot er ihm
auch einen Gruß und sagte, er komme als Bote guter Worte.
»Der Löwe«, sprach er, »ist, du weißt es, mein Nachbar,
aber es geht ihm schlecht, und er ist dem Sterben nahe.

τίς οὖν μετ' αὐτὸν θηρίων τυραννήσει,
διεσκοπεῖτο· σῦς μέν ἐστιν ἀγνώμων,
ἄρκτος δὲ νωθής, πάρδαλις δὲ θυμώδης,
τίγρις δ' ἀλαζὼν καὶ τὸ πᾶν ἐρημαίη.
ἔλαφον τυραννεῖν ἀξιωτάτην κρίνει·
γαύρη μὲν εἶδος, πολλὰ δ' εἰς ἔτη ζῴει,
κέρας δὲ φοβερὸν πᾶσιν ἑρπετοῖς φύει,
δένδροις ὅμοιον, κοὐχ ὁποῖα τῶν ταύρων.
τί σοι λέγω τὰ πολλά; πλὴν ἐκυρώθης,
μέλλεις τ' ἀνάσσειν θηρίων ὀρειφοίτων.
τότ' ἂν γένοιτο τῆς ἀλώπεκος μνήμη,
δέσποινα, τῆς σοι τοῦτο πρῶτον εἰπούσης.
ταῦτ' ἦλθον. ἀλλὰ χαῖρε, φιλτάτη. σπεύδω
πρὸς τὸν λέοντα, μὴ πάλιν με ζητήσῃ –
χρῆται γὰρ ἡμῖν εἰς ἅπαντα συμβούλοις –
δοκῶ δὲ καὶ σέ, τέκνον, εἴ τι τῆς γραίης
κεφαλῆς ἀκούεις. ἔπρεπε σοὶ παρεδρεύειν
ἐλθοῦσαν αὐτῷ καὶ πονοῦντα θαρσύνειν.
τὰ μικρὰ πείθει τοὺς ἐν ἐσχάταις ὥραις·
ψυχαὶ δ' ἐν ὀφθαλμοῖσι τῶν τελευτώντων."
ὣς εἶπε κερδώ. τῆς δ' ὁ νοῦς ἐχαυνώθη
λόγοισι ποιητοῖσιν, ἦλθε δ' εἰς κοίλην
σπήλυγγα θηρός, καὶ τὸ μέλλον οὐκ ᾔδει.
λέων δ' ἀπ' εὐνῆς ἀσκόπως ἐφορμήσας
ὄνυξιν οὔατ' ἐσπάραξεν ἀκραίοις,
σπουδῇ διωχθείς· τὴν δὲ φύζα δειλαίην
θύρης κατιθὺς ἦγεν εἰς μέσας ὕλας.
κερδὼ δὲ χεῖρας ἐπεκρότησεν ἀλλήλαις,
ἐπεὶ πόνος μάταιος ἐξανηλώθη.
κἀκεῖνος ἐστέναξε τὸ στόμα βρύχων
(ὁμοῦ γὰρ αὐτὸν λιμὸς εἶχε καὶ λύπη),

Wer nun nach ihm über die Tiere herrschen soll,
hat er überlegt: Das Wildschwein ist ohne Verstand,
der Bär träge, der Panther jähzornig,
der Tiger ein Angeber und ganz und gar Einzelgänger.
Der Hirsch sei am würdigsten zu herrschen, meint er:
Er hat ein stolzes Aussehen, er lebt viele Jahre,
ihm wächst das Geweih, das fürchterlich für alle Tiere ist,
Bäumen ähnlich und nicht wie die Hörner der Stiere.
Was soll ich dir noch viel sagen? Nur dies: man hat sich für dich entschieden,
und du bist dazu bestimmt, über die bergdurchstreifenden Tiere zu gebieten.
Dann mögest du des Fuchses gedenken,
Herr, der dir dies zuerst gesagt hat.
Deswegen kam ich. Doch lebe wohl, mein Liebster! Ich eile
zum Löwen, damit er nicht wieder nach mir sucht –
er braucht mich nämlich in allen Dingen als Ratgeber –,
doch auch du, scheint mir, sollst eilen, Kind, wenn du irgend auf das alte
Haupt hörst. Es wäre für dich angemessen, hinzugehen,
neben ihm zu sitzen und ihn aufzumuntern in seinem Leid.
Die kleinen Dienste gewinnen die, welche die letzten Stunden erleben,
und die Seelen der Sterbenden sind in ihren Augen.«
So sprach der Fuchs. Und dessen Sinn wurde vor Stolz gebläht
durch die schön gedrechselten Worte, und er kam in die hohle
Grotte des Untiers und wusste nicht, was geschehen würde.
Und der Löwe sprang unversehens vom Lager aus ihn an
und schlitzte ihm die Ohren mit den Spitzen seiner Krallen auf,
von Eifer getrieben. Den Armen jagte die Panik
geradewegs durch die Tür mitten in die Wälder.
Da schlug der Fuchs die Hände zusammen,
da seine Mühe vergeblich aufgewandt war.
Und jener stöhnte, mit den Zähnen knirschend –
denn Hunger und Kummer ergriffen ihn zugleich –,

πάλιν δὲ κερδὼ καθικέτευε φωνήσας
ἄλλον τιν᾽ εὑρεῖν δεύτερον δόλον θήρης.
ἡ δ᾽ εἶπε κινήσασα βυσσόθεν γνώμην·
"χαλεπὸν κελεύεις, ἀλλ᾽ ὅμως ὑπουργήσω."
καὶ δὴ κατ᾽ ἴχνος ὡς σοφὴ κύων ᾔει,
πλέκουσα τέχνας καὶ πανουργίας πάσας,
ἀεὶ δ᾽ ἕκαστον ποιμένων ἐπηρώτα
μή πού τις ἔλαφος ᾑματωμένη φεύγει.
τὴν δ᾽ ὥς τις εἶδε, δεικνύων ἂν ὡδήγει,
ἕως ποθ᾽ εὗρεν ἐν κατασκίῳ χώρῳ
δρόμων ἀναψύχουσαν. ἡ δ᾽ ἀναιδείης
ὀφρὺν ἔχουσα καὶ μέτωπον είστήκει.
ἐλάφου δὲ φρὶξ ἐπέσχε νῶτα καὶ κνήμας,
χολὴ δ᾽ ἐπέζει καρδίην, ἔφη δ᾽ οὕτως·
"ἀλλ᾽ ὦ στύγημα, νῦν μὲν οὐχὶ χαιρήσεις,
ἤν μοι προσέλθῃς καὶ γρύσαι τι τολμήσῃς.
ἄλλοις ἀλωπέκιζε τοῖς ἀπειρήτοις,
ἄλλους δὲ βασιλεῖς ὑπερέθιζε καὶ ποίει."
τῆς δ᾽ οὐκ ἐτρέφθη θυμός, ἀλλ᾽ ὑποβλήδην
"οὕτως ἀγεννής" φησί "καὶ φόβου πλήρης
πέφυκας; οὕτω τοὺς φίλους ὑποπτεύεις;
ὁ μὲν λέων σοι συμφέροντα βουλεύων
μέλλων τ᾽ ἐγείρειν τῆς πάροιθε νωθείης
ἔψαυσεν ὠτός, ὡς πατὴρ ἀποθνῄσκων·
ἔμελλε γάρ σοι πᾶσαν ἐντολὴν δώσειν,
ἀρχὴν τοσαύτην πῶς λαβοῦσα τηρήσεις·
σὺ δ᾽ οὐχ ὑπέστης κνίσμα χειρὸς ἀρρώστου,
βίῃ δ᾽ ἀποσπασθεῖσα μᾶλλον ἐτρώθης.
καὶ νῦν ἐκεῖνος πλεῖον ἢ σὺ θυμοῦται·
λίην ἄπιστον πειράσας σε καὶ κούφην
βασιλῆ δέ φησι τὸν λύκον καταστήσειν.
οἴμοι πονηροῦ δεσπότου. τί ποιήσω;

und wieder flehte er den Fuchs an und rief,
dieser möge eine andersartige zweite Jagdlist ersinnen.
Der sprach, nachdem er einen Plan von Grund auf hin und her erwogen hatte:
»Du verlangst Schwieriges. Aber dennoch werde ich dir zu Diensten sein.«
Und nun ging er den Spuren nach wie ein kluger Hund,
sich Tricks und Schurkereien jeder Art zurechtlegend,
und er fragte immer jeden Hirten,
ob nicht irgendwo ein blutender Hirsch sich auf der Flucht befinde.
Wenn ihn einer gesehen hatte, wies er und führte ihn,
bis er jenen irgendwann an einem schattigen Ort fand,
wie er sich vom Laufen erholte. Er stand da mit der
Augenbraue und Stirn der Schamlosigkeit.
Ein Schauder ergriff Rücken und Schenkel des Hirschs,
Ärger kochte ihm im Herzen, und er sprach so:
»Doch jetzt, du Scheusal, wirst du keine Freude haben,
wenn du an mich herantrittst und etwas zu mucksen wagst.
Fuchsschwänzle mit anderen, die keine Erfahrung mit dir haben,
locke andere als Könige an und mach sie dazu.«
Doch dessen Sinn änderte sich nicht, sondern er fiel ihm ins Wort
und sagte: »So unedel und voller Angst
bist du veranlagt? So beargwöhnst du deine Freunde?
Der Löwe, der dir Nützliches raten wollte,
der dabei war, dich aus deiner vorherigen Trägheit zu wecken,
berührte dich am Ohr wie ein im Sterben liegender Vater;
er war im Begriff, dir jede Art von Weisung zu geben,
wie du eine so große Herrschaft übernehmen und bewahren kannst;
aber du konntest nicht das Zwicken der kraftlosen Hand aushalten,
rissest dich mit Gewalt los und wurdest noch mehr verwundet.
Und nun ist jener mehr als du erzürnt;
nachdem er dich als zu unzuverlässig und leichtsinnig erfahren hat,
sagt er, er werde als König den Wolf einsetzen.
O weh, was für ein nichtswürdiger Herrscher! Was soll ich tun?

ἅπασιν ἡμῖν αἰτίη κακῶν γίνῃ.
ἀλλ᾽ ἐλθὲ καὶ τὸ λοιπὸν ἴσθι γενναίη,
μηδ᾽ ἐπτόησο, πρόβατον οἷον ἐκ ποίμνης.
ὄμνυμι γάρ σοι φύλλα πάντα καὶ κρήνας,
οὕτω γένοιτο σοὶ μόνῃ με δουλεύειν,
ὡς οὐδὲν ὁ λέων ἐχθρός, ἀλλ᾽ ὑπ᾽ εὐνοίης
τίθησι πάντων κυρίην σε τῶν ζῴων."
τοιαῦτα κωτίλλουσα τὴν ἀχαιίνην
ἔπεισεν ἐλθεῖν δὶς τὸν αὐτὸν εἰς ᾅδην.
ἐπεὶ δὲ λόχμης εἰς μυχὸν κατεκλείσθη,
λέων μὲν αὐτὸς εἶχε δαῖτα πανθοίνην,
σάρκας λαφύσσων, μυελὸν ὀστέων πίνων
καὶ σπλάγχνα δάπτων· ἡ δ᾽ ἀγωγὸς εἱστήκει
πεινῶσα θήρης, καρδίην δὲ νεβρείην
λάπτει πεσοῦσαν ἁρπάσασα λαθραίως,
καὶ τοῦτο κέρδος εἶχεν ὧν ἐκεκμήκει.
λέων δ᾽ ἕκαστον ἐγκάτων ἀριθμήσας,
μόνην ἀπ᾽ ἄλλων καρδίην ἐπεζήτει,
καὶ πᾶσαν εὐνήν, πάντα δ᾽ οἶκον ἠρεύνα.
κερδὼ δ᾽ ἀπαιολῶσα τῆς ἀληθείης
"οὐκ εἶχε πάντως" φησί· "μὴ μάτην ζήτει.
ποίην δ᾽ ἔμελλε καρδίην ἔχειν, ἥτις
ἐκ δευτέρου λέοντος ἦλθεν εἰς οἴκους;"

96

Λύκος παρῄει θριγκόν, ἔνθεν ἐκκύψας
ἀρνειὸς αὐτὸν ἔλεγε πολλὰ βλασφήμως.
κἀκεῖνος εἶπε τὰς σιαγόνας πρίων·
"ὁ τόπος μ᾽ ἐλοιδόρησε, μὴ σὺ καυχήσῃ."

Für uns alle wirst du zur Ursache für Unheil.
Doch komm und sei künftig tapfer,
sei nicht ängstlich wie das Schaf aus der Herde.
Denn ich schwöre dir bei allen Blättern und Quellen,
so wahr es geschehen möge, dass ich dir allein diene,
dass der Löwe dir keineswegs feind ist, sondern aus Wohlwollen
dich zum Herrn über alle Tiere macht.«
Solches schwatzend überredete er den Hirsch,
zum zweiten Mal in dieselbe Unterwelt zu kommen.
Als er nun in das Innerste des Wildlagers eingeschlossen war,
hatte der Löwe ganz für sich selbst ein Mahl mit jeglicher Speise,
das Fleisch hinabschlingend, das Knochenmark schlürfend
und die Eingeweide zerfleischend. Der Jagdhelfer aber
stand hungernd da, doch das Hirschherz
leckt er, als es heruntergefallen ist und er es heimlich geschnappt hat,
und das hatte er als Gewinn für die Mühen, die er sich gemacht hatte.
Der Löwe aber zählte jedes von den Innereien,
und von allen vermisste er einzig das Herz,
und er durchsuchte das ganze Bett und das ganze Haus.
Da sagte der Fuchs, ihn um die Wahrheit betrügend:
»Er hatte überhaupt keines; suche nicht vergeblich.
Was für ein Herz sollte er haben, der
zum zweiten Mal in das Haus des Löwen kam?«

96

Ein Wolf ging an einer Mauerzinne vorbei, aus der hervorlugend
ein Widder ihm viel Schmähendes sagte.
Und jener sprach zähneknirschend:
»Der Ort hat mich geschmäht; gib du damit nicht an!«

97

Λέων ποτ᾽ ἐπεβούλευεν ἀγρίῳ ταύρῳ,
καὶ προσποιηθεὶς μητρὶ τῶν θεῶν θύειν,
τὸν ταῦρον ἐλθεῖν ἐπὶ τὸ δεῖπνον ἠρώτα.
κἀκεῖνος ἥξειν εἶπεν οὐχ ὑποπτεύσας.
ἐλθὼν δὲ καὶ στὰς ἐπὶ θύρας λεοντείους
ὡς εἶδε θερμοῦ πολλὰ χαλκία πλήρη,
σφαγίδας, μαχαίρας βουδόρους νεοσμήκτους,
πρὸς τῇ θύρῃ δὲ μηδέν, ἀλλὰ δεσμώτην
ἀλεκτορίσκον, ᾤχετ᾽ εἰς ὄρος φεύγων.
ἐμέμφεθ᾽ ὁ λέων ὕστερον συναντήσας.
ὁ δ᾽ "ἦλθον" εἶπε "καὶ τὸ σύμβολον δώσω·
οὐκ ἦν ὅμοιον θῦμα τῷ μαγειρείῳ."

98

Λέων ἁλοὺς ἔρωτι παιδὸς ὡραίης
παρὰ πατρὸς ἐμνήστευε. τῷ δ᾽ ὁ πρεσβύτης
οὐδέν τι δύσνουν οὐδ᾽ ὕπουλον ἐμφήνας
"δίδωμι γῆμαι" φησί, "καὶ διδοὺς χαίρω·
τίς οὐ δυνάστῃ καὶ λέοντι κηδεύσει;
φρένες δὲ δειλαὶ παρθένων τε καὶ παίδων·
σὺ δ᾽ ἡλίκους μὲν ὄνυχας, ἡλίκους δ᾽ ἥμιν
φέρεις ὀδόντας· τίς κόρη σε τολμήσει
ἀφόβως περιλαβεῖν; τίς δ᾽ ἰδοῦσα μὴ κλαύσῃ;
πρὸς ταῦτα δὴ σκόπησον εἰ γάμου χρῄζεις,
μηδ᾽ ἄγριος θὴρ ἀλλὰ νυμφίος γίνου."
ὁ δὲ πτερωθεὶς τῇ δόσει τε πιστεύσας
ἐξεῖλε τοὺς ὀδόντας, εἶθ᾽ ὑπὸ σμίλης

97

Der Löwe stellte einmal einem wilden Stier nach,
und er gab vor, er wolle der Göttermutter opfern,
und lud den Stier ein, zum Mahl zu kommen.
Und der sagte, ohne etwas zu argwöhnen, er werde da sein.
Als er, gekommen und bei der Tür des Löwen stehend,
viele Töpfe voll mit warmem Wasser sah,
Schlachtmesser, rinderhäutende Messer, frisch polierte,
und bei der Tür nichts als einen gefesselten
Hahn, floh er eilends ins Gebirge.
Der Löwe tadelte ihn, als er ihm später begegnete.
Der aber sagte: »Ich kam, und ich will dir das Erkennungszeichen geben:
Das Opfer entsprach nicht der Küche.«

98

Der Löwe, von Liebe zu einem schönen Mädchen ergriffen,
hielt bei ihrem Vater um ihre Hand an. Ihm zeigte
der Alte sich weder abgeneigt noch missgünstig,
und er sagte: »Ich gestatte dir, sie zu heiraten, und ich gestatte es gern.
Wer wird sich nicht mit einem Herrscher und einem Löwen
verschwägern?
Doch die Herzen junger Frauen und Mädchen sind furchtsam.
Welch große Krallen aber hast du, welch große Zähne bringst
du uns? Welches Mädchen wird es wagen, dich
furchtlos zu umarmen? Welches nicht weinen, wenn es dich sieht?
Daran denke nun, wenn du die Heirat wünschst,
und sei kein wildes Tier, sondern ein Bräutigam.«
Und der, beflügelt und auf den Erhalt der Gabe vertrauend,
ließ seine Zähne herausziehen, dann von einem Messer

ἀπωνυχίσθη, τῷ τε πενθερῷ δείξας
τὴν παῖδ' ἀπῄτει. τὸν δ' ἕκαστος ἠλοία
ῥοπάλῳ τις ἢ λίθῳ τις ἐκ χερὸς παίων.
ἔκειτο δ' ἀργὸς ὥσπερ ὗς ἀποθνῄσκων,
γέροντος ἀνδρὸς ποικίλου τε τὴν γνώμην
σοφίῃ διδαχθεὶς ὡς ἄμικτον ἀνθρώποις
ἐρᾶν λεόντων ἢ λέοντας ἀνθρώπων.

99

Λέοντι προσπτὰς αἰετῶν τις ἐζήτει
κοινωνὸς εἶναι. χὠ λέων "τί κωλύει;"
πρὸς αὐτὸν εἶπεν. "ἀλλ⟨ά γ'⟩ ἐνέχυρον δώσεις
τὠκυπτέρω σου μὴ μεθιέναι πίστιν·
πῶς γὰρ φίλῳ σοι μὴ μένοντι πιστεύσω;"

100

Λύκῳ συνήντα πιμελὴς κύων λίην.
ὁ δ' αὐτὸν ἐξήταζε, ποῦ τραφεὶς οὕτως
μέγας κύων ἐγένετο καὶ λίπους πλήρης.
"ἄνθρωπος" εἶπε "δαψιλής με σιτεύει."
"ὁ δὲ σοὶ τράχηλος" εἶπε "πῶς ἐλευκώθη;"
"κλοιῷ τέτριπται σάρκα τῷ σιδηρείῳ,
ὃν ὁ τροφεύς μοι περιτέθεικε χαλκεύσας."
λύκος δ' ἐπ' αὐτῷ καγχάσας "ἐγὼ τοίνυν
χαίρειν κελεύω" φησί "τῇ τρυφῇ ταύτῃ,
δι' ἣν σίδηρος τὸν ἐμὸν αὐχένα τρίψει."

seine Krallen entfernen, zeigte sich dem Schwiegervater
und verlangte das Mädchen. Den aber prügelte jeder,
einer mit einem Knüppel, einer mit einem Stein in der Hand ihn schlagend.
Er lag da, ohne sich zu wehren, verendend wie ein Schwein,
durch die Schlauheit des listigen alten Mannes
in der Erkenntnis unterwiesen, dass es unvereinbar ist,
dass Menschen Löwen lieben oder Löwen Menschen.

99

Zu dem Löwen flog einer von den Adlern und wollte
Gemeinschaft mit ihm. Und der Löwe sagte zu ihm:
»Was hindert uns? Aber du wirst mir wenigstens zum Pfand
deine beiden Flügel geben, dass du nicht nachlässt in der Treue;
denn wie soll ich dir als Freund vertrauen, wenn du nicht bei mir bleibst?«

100

Dem Wolf begegnete ein allzu fetter Hund.
Und er fragte ihn, wo er ernährt und ein so
großer Hund geworden sei und voller Fett.
»Ein freigebiger Mensch«, sagte er, »füttert mich.«
»Aber dein Hals«, sagte der, »wie ist der weiß geworden?«
»Das Fleisch ist von dem eisernen Halsband aufgerieben,
das mein Ernährer geschmiedet und mir umgelegt hat.«
Da lachte der Wolf laut über ihn und sagte: »Ich also
sage dieser Schwelgerei Lebewohl,
um derentwillen Eisen meinen Hals aufreiben wird.«

101

Λύκος τις ἁδρὸς ἐν λύκοις ἐγεννήθη,
λέοντα δ᾽ αὐτὸν ἐπεκάλουν· ὁ δ᾽ ἀγνώμων
τὴν δόξαν οὐκ ἤνεγκε, τῶν δὲ συμφύλων
ἀποστατήσας τοῖς λέουσιν ὡμίλει.
κερδὼ δ᾽ ἐπισκώπτουσα "μὴ φρενωθείην"
ἔφη "τοσοῦτον ὡς σὺ νῦν ἐτυφώθης·
σὺ γὰρ ὡς ἀληθῶς ἐν λύκοις λέων φαίνῃ,
ἐν δ᾽ αὖ λεόντων συγκρίσει λύκος γίνῃ."

102

Λέων τις ἐβασίλευεν οὐχὶ θυμώδης
οὐδ᾽ ὠμὸς οὐδὲ πάντα τῇ βίῃ χαίρων,
πρᾶος δὲ καὶ δίκαιος ὥς τις ἀνθρώπων.
ἐπὶ τῆς ἐκείνου φασὶ δὴ δυναστείης
τῶν ἀγρίων ἀγυρμὸς ἐγεγόνει ζῴων,
δίκας τε δοῦναι καὶ λαβεῖν παρ᾽ ἀλλήλων.
τὰ ζῷα πάντα δ᾽ ὡς ὑπέσχον εὐθύνας,
λύκος μὲν ἀρνί, πάρδαλις δ᾽ ἐπ᾽ αἰγάγρῳ,
ἐλάφῳ ⟨δὲ⟩ τίγρις, πάντα δ᾽ εἶχεν εἰρήνην,
ὁ πτὼξ λαγωὸς εἶπεν· "ἀλλ᾽ ἐγὼ ταύτην
τὴν ἡμέρην ἀεί ποτ᾽ ηὐχόμην, ἥτις
καὶ τοῖς βιαίοις φοβερὰ τἀσθενῆ θήσει."

103

Λέων ἐπ᾽ ἄγρην οὐκέτι σθένων βαίνειν
(πολλῷ γὰρ ἤδη τῷ χρόνῳ γεγηράκει)

101

Ein sehr großer Wolf wurde unter den Wölfen geboren,
und sie nannten ihn ›Löwe‹. Der aber, ohne Verstand,
konnte den Ruhm nicht vertragen, trennte sich von den
Stammesgenossen und gesellte sich zu den Löwen.
Der Fuchs aber sagte spottend: »Niemals möchte ich so
zu Verstand gebracht werden, wie du jetzt wahnwitzig geworden bist.
Denn du siehst wahrhaftig unter den Wölfen wie ein Löwe aus,
aber im Vergleich mit den Löwen bist du wiederum ein Wolf.«

102

Ein Löwe war König, der nicht jähzornig
und nicht roh war und sich auch nicht in jeder Hinsicht an Gewalt freute,
sondern sanft war und gerecht wie einer von den Menschen.
Unter seiner Herrschaft, sagen sie,
fand eine Versammlung der wilden Tiere statt, mit dem Zweck,
dass man gegenseitig dem Recht Genüge leiste und seines bekomme.
Als nun alle Tiere Rechenschaftsablegung versprachen,
der Wolf dem Lamm, der Panther der wilden Ziege,
dem Hirsch der Tiger, und alle Frieden hatten,
da sagte der scheue Hase: »Ja, ich habe um diesen
Tag einst ständig gefleht, der
auch die Schwachen für die Gewalttätigen furchterregend macht.«

103

Der Löwe, der nicht mehr stark genug war, auf die Jagd zu gehen –
denn er war in langer Zeit schon alt geworden –,

κοίλης ἔσω σπήλυγγος ὡς νόσῳ κάμνων
ἔκειτο δόλιον οὐκ ἀληθὲς ἀσθμαίνων,
φωνὴν βαρεῖαν προσποιητὰ λεπτύνων.
θηρῶν δ' ἐπ' αὐλὰς ἦλθεν ἄγγελος φήμη,
καὶ πάντες ἤλγουν ὡς λέοντος ἀρρώστου,
ἐπισκοπήσων δ' εἷς ἕκαστος εἰσῄει.
τούτους ἐφεξῆς λαμβάνων ἀμοχθήτως
κατήσθιεν, γῆρας δὲ λιπαρὸν ηὑρήκει.
σοφὴ δ' ἀλώπηξ ὑπενόησε, καὶ πόρρω
σταθεῖσα "βασιλεῦ, πῶς ἔχεις;" ἐπηρώτα.
κἀκεῖνος εἶπε· "χαῖρε, φιλτάτη ζῴων.
τί δ' οὐ προσέρχῃ, μακρόθεν δέ με σκέπτῃ;
δεῦρο, γλυκεῖα, καί με ποικίλοις μύθοις
παρηγόρησον ἐγγὺς ὄντα τῆς μοίρης."
"σῴζοιο" φησίν, " ἤν, ἄπειμι· συγγνώσῃ·
πολλῶν γὰρ ἴχνη θηρίων με κωλύει,
ὧν ἐξιόντων οὐκ ἔχεις ὅ μοι δείξεις."

104

Λάθρῃ κύων ἔδακνε· τῷ δὲ χαλκεύσας
ὁ δεσπότης κώδωνα καὶ προσαρτήσας
πρόδηλον εἶναι μακρόθεν πεποιήκει.
ὁ κύων δὲ τὸν κώδωνα δι' ἀγορῆς σείων
ἠλαζονεύετ'. ἀλλὰ δὴ κύων γραίη
πρὸς αὐτὸν εἶπεν· "ὦ τάλαν, τί σεμνύνῃ;
οὐ κόσμον ἀρετῆς τοῦτον οὐδ' ἐπιεικείης,
σαυτοῦ δ' ἔλεγχον τῆς πονηρίης κρούεις."

lag in einer tiefen Höhle, als ob er von Krankheit
entkräftet sei, mit List, aber nicht in Wahrheit schwer atmend,
und machte seine tiefe Stimme vorgeblich dünn.
Zu den Höfen der Tiere kam als Botin die Kunde,
und alle waren bekümmert in der Meinung, der Löwe sei kraftlos,
und ein jeder ging, um ihn zu besuchen.
Die packte er mühelos der Reihe nach
und fraß sie auf, und er hatte zu einem reich gesegneten Alter gefunden.
Der schlaue Fuchs aber schöpfte Verdacht, stellte sich fern von ihm hin
und fragte: »König, wie geht es dir?«
Und jener sprach: »Sei gegrüßt, mir Liebster unter den Tieren!
Warum trittst du nicht herein, sondern betrachtest mich von Weitem?
Her zu mir, Süßer, tröste mich mit verschiedenen Fabeln,
da ich dem Verhängnis nahe bin.«
»Möge es dir gut gehen«, sagte der, »schau, ich gehe weg; du wirst [verzeihen.
Denn die Spuren vieler Tiere hindern mich,
von denen du mir keine zeigen kannst, die herauskommen.«

104

Ein Hund pflegte tückisch zu beißen. Da ließ ihm sein Herr
eine Schelle schmieden, band sie an ihm fest
und hatte ihn so von Weitem erkennbar gemacht.
Der Hund stolzierte nun, die Schelle schüttelnd,
über den Marktplatz. Doch eine alte Hündin sagte
da zu ihm: »Du Dreister, warum bist du so stolz?
Dies ist kein Schmuck für Tugend oder Sittsamkeit,
sondern du lässt den Beweis für deine Schlechtigkeit ertönen.«

105

Λύκος ποτ᾽ ἄρας πρόβατον ἐκ μέσης ποίμνης
ἐκόμιζεν οἴκαδ᾽· ᾧ λέων ὑπαντήσας
ἀπέσπασ᾽ αὐτοῦ. καὶ λύκος σταθεὶς πόρρω
"ἀδίκως μ᾽ ἀφείλω τῶν ἐμῶν" ἐκεκράγει.
λέων δὲ τερφθεὶς εἶπε τὸν λύκον σκώπτων·
"σοὶ γὰρ δικαίως ὑπὸ φίλων ἐδωρήθη;"

106

Λέων ποτ᾽ ἀνδρῶν βίον ἄριστον ἐζήλου,
καὶ δὴ κατ᾽ εὐρὺν φωλεὸν διατρίβων,
ὅσων ἀρίστην ὀριτρόφων φυὴν ἔγνω,
φιλοφρονεῖσθαι γνησίως ἐπειράθη.
πολὺς δ᾽ ὑπὸ σπήλυγγι θαμινὰ παντοίων
θηρῶν ὅμιλος ἡμέρως συνηυλίσθη·
ὁ δ᾽ εἱστία τε κἀφίλει νόμῳ ξείνων,
ἅδην τιθεὶς ἅπασι δαῖτα θυμήρη.
φίλην δὲ κερδὼ καὶ σύνοικον εἰλήφει,
μεθ᾽ ἧς τὰ πολλὰ μειλίχως συνεζήκει.
γέρων δέ τις πίθηκος ἦν ὁ δαιτρεύων
κρεῶν τε συσσίτοισι διανέμων μοίρας·
ὅς, εἴ τις ἦλθεν οὐχὶ τῆς συνηθείης,
ταὐτὸν παρετίθει δεσπότῃ τε κἀκείνῳ,
ὅπερ εἶχεν ὁ λέων νεοδρόμῳ λαβὼν θήρῃ·
κερδὼ δ᾽ ἑώλων ἔφερε μοῖραν οὐκ ἴσην.
καὶ δή ποτ᾽ αὐτὴν προσποιητὰ σιγῶσαν
δείπνου τε χεῖρα καὶ βορῆς ἀποσχοῦσαν
λέων τίν᾽ εἶχεν αἰτίην διηρώτα·
"κερδοῖ σοφή, λάλησον ὥσπερ εἰώθης·

105

Der Wolf nahm einmal mitten aus der Herde ein Lamm weg
und wollte es nach Hause bringen. Dem begegnete der Löwe
und entriss es ihm. Und der Wolf blieb entfernt von ihm stehen
und schrie: »Unrechtmäßig hast du mir das Meine weggenommen.«
Der Löwe war amüsiert und sagte, den Wolf verspottend:
»Dir wurde es wohl rechtmäßig von Freunden geschenkt?«

106

Der Löwe wollte einmal die beste Lebensweise der Menschen nachahmen,
und da er sich ja in einer breiten Höhle aufhielt,
versuchte er, den Bergtieren, die er als die beste Rasse erkannte,
auf edle Weise seine Freundschaft zu bekunden.
Eine große Schar verschiedener Tiere versammelte
sich nun häufig kultiviert in seiner Grotte.
Und er speiste und bewirtete sie nach dem Brauch von Gastgebern,
wobei er allen reichlich herzerfreuendes Essen vorsetzte.
Als Freund und Hausgenossen hatte er sich den Fuchs genommen,
mit dem er meist auf nette Weise zusammengelebt hatte.
Ein alter Affe aber war es, der das Fleisch vorschnitt
und den Tischgenossen die Portionen zuteilte.
Der setzte, wenn einer kam, der nicht zum gewohnten Kreis
gehörte, dasselbe seinem Herrn und jenem vor,
was der Löwe hatte, gefangen bei der letzten Jagd;
der Fuchs aber bekam vom Aufgewärmten und nicht die gleiche Portion.
Und einmal nun, als er ostentativ schwieg
und von Gastmahl und Essen die Hand fernhielt,
fragte der Löwe ihn, welchen Grund er habe:
»Weiser Fuchs, sprich wie gewohnt;

φαιδρῷ προσώπῳ δαιτός, ὦ φίλη, ψαῦσον."
ἡ δ' εἶπεν· "ὦ φέριστε θηρίων γέννης,
πολλῇ μερίμνῃ καρδίην διαξαίνω·
οὐ γὰρ τὰ νῦν παρόντα μοῦνον ἀλγύνει,
τὰ δ' ἔπειτα" φησί "προσκοπουμένη κλαίω.
καθ' ἡμέρην γὰρ εἴ τις ἄλλος, εἶτ' ἄλλος
ξένος πελάζοι, τοῦτο δ' εἰς ἔθος βαίνοι,
τάχ' οὐδ' ἑώλων γεύσομαι κρεῶν μούνη."
ὁ λέων δὲ τερφθεὶς ὡς λέων τε μειδήσας
εἶπεν· "πιθήκῳ ταῦτα μηδ' ἐμοὶ μέμφου."

107

Λέων ἀγρεύσας μῦν ἔμελλε δειπνήσειν·
ὁ δ' οἰκότριψ κλὼψ ἐγγὺς ὢν μόρου τλήμων
τοιοῖσδε μύθοις ἱκέτευε τὸν θῆρα·
"ἐλάφους πρέπει σοι καὶ κερασφόρους ταύρους
θηρῶντα νηδὺν σαρκὶ τῇδε πιαίνειν·
μυὸς δὲ δεῖπνον οὐδ' ἄκρων ἐπιψαῦσαι
χειλῶν ἅλις σῶν. ἀλλὰ λίσσομαι, φείδου.
ἴσως χάριν σοι τήνδε μικρὸς ὢν τίσω."
γελάσας δ' ὁ θὴρ παρῆκε τὸν ἱκέτην ζώειν.
καὶ φιλαγρευταῖς ἐμπεσὼν νεηνίσκοις
ἐδικτυώθη καὶ σφαλεὶς ἐδεσμεύθη.
ὁ μῦς δὲ λάθρῃ χηραμοῦ προπηδήσας,
στερρόν τ' ὀδοῦσι βραχυτάτοις βρόχον κείρας
ἔλυσε τὸν λέοντα, τοῦ τὸ φῶς βλέψαι
ἐπάξιον δοὺς μισθὸν ἀντιζωγρήσας.

mit heiterer Miene, mein Lieber, berühre die Speise.«
Da sprach der: »Bester des Geschlechts der Tiere,
ich zerreiße mir das Herz mit vielfacher Sorge.
Denn nicht nur das, was gerade gegenwärtig ist, schmerzt mich,
sondern auch, wenn ich auf das danach vorausschaue, weine ich.
Denn wenn jeden Tag jemand anders und wieder ein anderer
Gast ankommt, und das zur Gewohnheit wird,
werde ich vielleicht als einziger nicht einmal aufgewärmtes Fleisch kosten.«
Der Löwe amüsierte sich, lächelte, wie ein Löwe es tut,
und sagte: »Tadle den Affen deswegen, nicht mich.«

107

Der Löwe hatte die Maus gefangen und war im Begriff, sie zu verspeisen.
Doch die im Haus aufgewachsene Diebin, die Ärmste, nahe dem [Verhängnis,
flehte mit folgenden Worten das wilde Tier an:
»Dir geziemt es, Hirsche und hörnertragende Stiere
zu jagen und deinen Bauch mit diesem Fleisch zu mästen.
Eine Mausspeise ist nicht genug dafür, auch nur deine
Lippenspitzen zu berühren. Also bitte ich dich, schone mich!
Vielleicht werde ich dir diese Gunst, obwohl ich klein bin, entgelten.«
Das wilde Tier lachte und ließ die Bittflehende leben.
Und er stieß auf jagdfreudige junge Männer,
geriet ins Netz, wurde überrumpelt und gefesselt.
Da sprang die Maus heimlich aus einer Höhle hervor,
nagte den harten Strick mit ihren winzigen Zähnen durch,
befreite den Löwen und gab dafür, dass sie das Licht erblickt hatte,
einen würdigen Lohn, indem sie im Gegenzug sein Leben rettete.

⟨ΒΑΒΡΙΟΥ ΜΥΘΙΑΜΒΩΝ Β⟩

⟨Πρόλογος⟩

Μῦθος μέν, ὦ παῖ βασιλέως Ἀλεξάνδρου,
Σύρων παλαιῶν ἐστιν εὕρεμ' ἀνθρώπων,
οἳ πρίν ποτ' ἦσαν ἐπὶ Νίνου τε καὶ Βήλου.
πρῶτος δέ, φασίν, εἶπε παισὶν Ἑλλήνων
Αἴσωπος ὁ σοφός, εἶπε καὶ Λιβυστίνοις
λόγους Κυβίσσης. ἀλλ' ἐγὼ νέῃ μούσῃ
δίδωμι καθαρῷ χρυσίῳ χαλινώσας
τὸν μυθίαμβον ὥσπερ ἵππον ὁπλίτην.
ὑπ' ἐμοῦ δὲ πρώτου τῆς θύρης ἀνοιχθείσης
εἰσῆλθον ἄλλοι, καὶ σοφωτέρης μούσης
γρίφοις ὁμοίας ἐκφέρουσι ποιήσεις,
μαθόντες οὐδὲν πλεῖον ἤ με γινώσκειν.
ἐγὼ δὲ λευκῇ μυθιάζομαι ῥήσει,
καὶ τῶν ἰάμβων τοὺς ὀδόντας οὐ θήγω,
ἀλλ' εὖ πυρώσας, εὖ δὲ κέντρα πρηΰνας,
ἐκ δευτέρου σοι τήνδε βίβλον ἀείδω.

108

Μυῶν ὁ μέν τις βίον ἔχων ἀρουραῖον,
ὁ δ' ἐν ταμείοις πλουσίοισι φωλεύων,
ἔθεντο κοινὸν τὸν βίον πρὸς ἀλλήλους.
ὁ δ' οἰκόσιτος πρότερος ἦλθε δειπνήσων
ἐπὶ τῆς ἀρούρης ἄρτι χλωρὸν ἀνθούσης·
τρώγων δ' ἀραιὰς καὶ διαβρόχους σίτου
ῥίζας μελαίνῃ συμπεφυρμένας βώλῳ

⟨BABRIOS, MYTHIAMBEN BUCH 2⟩

⟨Prolog⟩

Die Fabel, Sohn des Königs Alexandros,
ist eine Erfindung der alten syrischen Menschen,
die einst zur Zeit des Ninos und Belos lebten.
Und als Erster, sagen sie, erzählte sie den Kindern der Hellenen
der weise Aisopos, erzählte auch den Libyern
Fabeln Kybisses. Doch ich beschenke sie mit einer neuen
Muse, der ich mit reinem Gold aufgezäumt habe
den Mythiambos wie ein Schlachtross.
Nachdem von mir als dem Ersten die Tür geöffnet worden war,
kamen andere herein, und sie bringen ihre den Rätseln
einer weiseren Muse gleichenden Dichtungen heraus,
ohne mehr gelernt zu haben, als mich zu erkennen.
Ich aber fabuliere in transparentem Stil
und schärfe nicht die Zähne der Iamben,
sondern, wenn ich sie im Feuer gut gereinigt, gut die Stacheln geglättet [habe,
trage ich dir dieses Buch als das zweite vor.

108

⟨Zwei⟩ Mäuse, von denen die eine ihr Leben auf dem Land verbrachte,
die andere aber in reichen Vorratskammern ihr Loch hatte,
versuchten, ein gemeinsames Leben miteinander zu verbringen.
Die im Haus Genährte kam zuerst zum Speisen
aufs Land, das gerade grün erblühte.
Als sie nun an dünnen und nassen Kornwurzeln
nagte, die mit schwarzen Erdklumpen vermischt waren,

“μύρμηκος” εἶπε “ζῇς βίον ταλαιπώρου,
ἐν πυθμέσιν γῆς κρίμνα λεπτὰ βιβρώσκων.
ἐμοὶ δ’ ὑπάρχει πολλὰ καὶ περισσεύει·
τὸ κέρας κατοικῶ πρὸς σὲ τῆς Ἀμαλθείης.
εἴ μοι συνέλθοις, ὡς θέλεις ἀσωτεύσῃ,
παρεὶς ὀρύσσειν ἀσφάλαξι τὴν χώρην.”
ἀπῆγε τὸν μῦν τὸν γεηπόνον πείσας
εἰς οἶκον ἐλθεῖν ὑπό τε τοῖχον ἀνθρώπου.
ἔδειξε δ’ αὐτῷ, ποῦ μὲν ἀλφίτων πλήθη,
ποῦ δ’ ὀσπρίων ἦν σωρὸς ἢ πίθοι σύκων
στάμνοι τε μέλιτος σώρακοί τε φοινίκων.
ὁ δ’ ὡς ἐτέρφθη πᾶσι καὶ παρωρμήθη
καὶ τυρὸν ἦγεν ἐκ κανισκίου σύρων,
ἀνέῳξε τὴν θύρην τις· ὁ δ’ ἀποπηδήσας
στεινῆς ἔφευγε δειλὸς ἐς μυχὸν τρώγλης,
ἄσημα τρίζων τόν τε πρόξενον θλίβων.
μικρὸν δ’ ἐπισχών, εἶτ’ ἔσωθεν ἐκκύψας
ψαύειν ἔμελλεν ἰσχάδος Καμειραίης·
ἕτερος δ’ ἐπῆλθεν ἄλλο τι προαιρήσων·
οἱ δ’ ἔνδον ἐκρύβοντο. μῦς δ’ ἀρουρίτης
“τοιαῦτα δειπνῶν” εἶπε “χαῖρε καὶ πλούτει,
καὶ τοῖς περισσοῖς αὐτὸς ἐντρύφα δείπνοις,
ἔχων τὰ πολλὰ ταῦτα μεστὰ κινδύνων.
ἐγὼ δὲ λιτῆς οὐκ ἀφέξομαι βώλου,
ὑφ’ ἣν τὰ κρίμνα μὴ φοβούμενος τρώγω.”

109

“Μὴ λοξὰ βαίνειν” ἔλεγε καρκίνῳ μήτηρ,
“ὑγρῇ τε πέτρῃ πλάγια κῶλα μὴ σύρειν.”
ὁ δ’ εἶπε· “μῆτερ ἡ διδάσκαλος, πρώτη
ὀρθὴν ἄπελθε, καὶ βλέπων σε ποιήσω.”

sagte sie: »Du lebst das Leben einer armseligen Ameise,
indem du in den Tiefen der Erde magere Krumen verzehrst.
Für mich dagegen ist viel vorhanden, und zwar im Überfluss.
Im Vergleich mit dir bewohne ich das Horn der Amaltheia.
Wenn du mit mir gehst, wirst du, wie du willst, schwelgen,
und überlässt es den Maulwürfen, die Erde umzugraben.«
Sie führte die landbebauende Maus fort, nachdem sie sie überredet hatte,
unter der Mauer hindurch in das Haus eines Menschen zu gehen.
Sie zeigte ihr, wo eine Menge an Gerste,
wo ein Haufen Hülsenfrüchte, Fässer mit Feigen,
Krüge mit Honig und Körbe mit Datteln waren.
Als nun die sich an allem ergötzte und sich ermuntern ließ
und Käse trug, den sie aus einem Körbchen herbeischleppte,
öffnete jemand die Tür. Und sie sprang weg
und floh ängstlich in den Winkel eines engen Loches,
piepste unverständlich und drückte sich an ihren Gastgeber.
Sie hielt ein wenig inne, schaute dann von innen heraus
und war im Begriff, eine kameiraiische Feige zu berühren.
Aber ein anderer kam herbei, um etwas anderes hervorzuholen,
und die verbargen sich im Loch. Da sagte die Landmaus:
»Freue dich an solcher Speise und sei reich
und schwelge allein in den exquisiten Speisen,
wobei du diese Fülle voller Gefahren hast.
Ich werde von meiner schlichten Erdscholle nicht lassen,
unter der ich meine Krumen nage, ohne mich zu fürchten.«

109

»Geh nicht krumm«, sprach zum Krebs seine Mutter,
und über den nassen Felsen schleppe nicht seitwärts die Glieder.«
Der aber sagte: »Mutter und Lehrerin, erst
gehe du gerade, und wenn ich es sehe, will auch ich es tun.«

110

Μέλλων ὁδεύειν τῆς κυνός τις ἑστώσης
εἶπεν "τί χάσκεις; πάνθ' ἕτοιμά σοι ποίει·
μετ' ἐμοῦ γὰρ ἥξεις." ἡ δὲ κέρκον οὐραίης
ἄρασά φησι· "πάντ' ἔχω· σὺ βαρδύνεις."

111

Μικρέμπορός τις ὄνον ἔχων ἐβουλήθη,
τοὺς ἅλας ἀκούων παρὰ θάλασσαν εὐώνους,
τούτους πρίασθαι, φορτίσας τε γενναίως
τὸν ὄνον κατῆγε. τῆς δ' ὁδοῦ προκοπτούσης
ὤλισθεν ἄκων εἴς τι ῥεῖθρον ἐξαίφνης,
καὶ συντακέντων τῶν ἁλῶν ἐλαφρύνθη,
ῥᾴων δ' ἀνέστη καὶ παρῆν ἀμοχθήτως
εἰς τὴν μεσόγεων. τοὺς ἅλας δὲ πωλήσας,
πάλιν γομώσων τὸν ὄνον ἦγε καὶ πλείω
⟨ἔτ'⟩ ἐπετίθει τὸν φόρτον. ὡς δὲ μοχθήσας
διέβαινε τὸν ῥοῦν, οὗπερ ἦν πεσὼν πρῴην,
ἑκὼν κατέπεσε, καὶ πάλιν ⟨δ'⟩ ὅλους τήξας
κούφως ἀνέστη, γαῦρος ὥς τι κερδήσας.
ὁ δ' ἔμπορος μὲν ἐπενόησε καὶ πλείστους
σπόγγους κατῆγεν ὕστερον πολυτρήτους
ἐκ τῆς θαλάσσης, τοὺς δ' ἅλας μεμισήκει.
ὁ δ' ὄνος πανούργως, ὡς προσῆλθε τῷ ῥείθρῳ,
ἑκὼν κατέπεσεν· ἀθρόως δὲ τῶν σπόγγων
διαβραχέντων πᾶς ὁ φόρτος ὠγκώθη,
βάρος δὲ διπλοῦν ἦλθε βαστάσας νώτοις.

110

Im Begriff, auf eine Reise zu gehen, sagte einer zu seiner Hündin, die dabei stand: »Was sperrst du das Maul auf? Mach alles fertig für dich! Denn du wirst mit mir kommen.« Die aber hob den Schwanz vom Arsch hoch und sagte: »*Ich* habe alles. *Du* trödelst.«

111

Ein Kleinkaufmann, der einen Esel hatte, wollte,
als er hörte, dass Salz am Meer billig sei,
dieses kaufen, und als er ihn tüchtig beladen hatte,
trieb er den Esel zurück. Während die Reise voranging,
glitt der plötzlich unabsichtlich aus und fiel in einen Strom,
und da das Salz sich auflöste, wurde er erleichtert,
stand leichter auf und gelangte mühelos
ins Binnenland. Und der verkaufte das Salz,
trieb den Esel, um ihn wieder zu beladen, und legte
noch mehr Last auf ihn. Als der, nachdem er sich abgemüht hatte,
den Strom überschritt, wo er zuvor hingefallen war,
fiel er absichtlich hin, und als er wieder alles Salz aufgelöst hatte,
stand er leicht auf, stolz, als ob er etwas gewonnen hätte.
Der Kaufmann aber bemerkte es, und er brachte
später eine große Menge viellöchriger Schwämme
vom Meer zurück, hatte aber die Lust am Salz verloren.
Und der Esel fiel tückisch, als er zu dem Strom kam,
absichtlich hinab. Aber da die Schwämme
alle auf einmal durchnässt wurden, blähte sich die ganze Last auf,
und er ging weiter, wobei er die doppelte Last auf dem Rücken trug.

112

Μῦς ταῦρον ἔδακεν. ὁ δ᾽ ἐδίωκεν ἀλγήσας
τὸν μῦν· φθάσαντος δ᾽ εἰς μυχὸν φυγεῖν τρώγλης,
ὤρυσσεν ἑστὼς τοῖς κέρασι τοὺς τοίχους,
ἕως κοπωθεὶς ὀκλάσας ἐκοιμήθη
παρὰ τὴν ὀπὴν ὁ ταῦρος. ἔνθεν ἐκκύψας
ὁ μῦς ἐφέρπει, καὶ πάλιν δακὼν φεύγει.
ὁ δ᾽ ἐξαναστάς, οὐκ ἔχων ὅ ποιήσει,
διηπορεῖτο· τῷ δ᾽ ὁ μῦς ἐπιτρύξας·
"οὐχ ὁ μέγας ἀεὶ δυνατός. ἔσθ᾽ ὅπου μᾶλλον
τὸ μικρὸν εἶναι καὶ ταπεινὸν ἰσχύει."

113

Μάνδρης ἔσω τις πρόβατα συλλέγων δείλης
κνηκὸν μετ᾽ αὐτῶν λύκον ἔμελλε συγκλείειν.
ὁ κύων δ᾽ ἰδὼν πρὸς αὐτὸν εἶπε· "πῶς σπεύδεις
τὰ πρόβατα σῶσαι, τοῦτον εἰσάγων ἥμιν;"

114

Μεθύων ἐλαίῳ λύχνος ἑσπέρης ηὔχει
πρὸς τοὺς παρόντας, ὡς Ἑωσφόρου κρείσσων,
λάμπειν ἅπασιν ἐκπρεπέστατον φέγγος.
ἀνέμου δὲ συρίσαντος εὐθὺς ἐσβέσθη
πνοῇ ῥαπισθείς. ἐκ δὲ δευτέρης ἅπτων
εἶπέν τις αὐτῷ· "φαῖνε, λύχνε, καὶ σίγα·
τῶν ἀστέρων τὸ φέγγος οὐκ ἀποθνῄσκει."

112

Die Maus biss den Stier. Und weil dem das wehtat, verfolgte er
die Maus. Sie aber, schneller als er, floh in den Winkel ihres Lochs,
der Stier blieb stehen und wühlte mit den Hörnern unter den Mauern,
bis er ermüdet auf die Knie sank und neben
dem Loch einschlief. Die Maus schaut heraus,
kriecht heran, beißt ihn wieder und flieht.
Der stand auf, wusste nicht, was er tun sollte,
und verharrte in Ratlosigkeit. Da piepste ihn die Maus an:
»Nicht immer ist der Große mächtig. Manchmal ist das
Kleinsein besser, und das Niedrige ist stark.«

113

Als einer im Stall am Abend seine Schafe zusammensammelte,
war er drauf und dran, mit ihnen den gelblichen Wolf einzusperren.
Der Hund aber sah es und sagte zu ihm: »Wie kannst du dich bemühen,
die Schafe zu retten, wenn du uns doch *den* hineinbringst?«

114

Ein vom Öl betrunkener Leuchter rühmte sich am Abend
denen gegenüber, die da waren, dass er, gewaltiger als der Morgenstern,
allen das glänzendste Licht leuchte.
Als aber der Wind pfiff, erlosch er sofort,
von dem Wehen getroffen. Jemand zündete ihn zum
zweiten Mal an und sagte: »Scheine, Leuchter, und schweige:
Das Licht der Sterne verendet nicht.«

115

Νωθὴς χελώνη λιμνάσιν ποτ᾽ αἰθυίαις
λάροις τε καὶ κήυξιν εἶπεν ἀγρώσταις·
“κἀμὲ πτερωτὴν εἴθε τις πεποιήκει.”
τῇ δ᾽ ἐκ τύχης ἔλεξεν αἰετὸς ταῦτα·
“πόσον, χέλυμνα, μισθὸν αἰετῷ δώσεις,
ὅστις σ᾽ ἐλαφρὴν καὶ μετάρσιον θήσω;”
“τὰ τῆς Ἐρυθρῆς πάντα δῶρά σοι δώσω.”
“τοιγὰρ διδάξω” φησίν. ὑπτίην δ᾽ ἄρας
ἔκρυψε νέφεσιν, ἔνθεν εἰς ὄρος ῥίψας
ἤραξεν αὐτῆς οὖλον ὄστρακον νώτων.
ἡ δ᾽ εἶπεν ἐκψύχουσα· “σὺν δίκῃ θνήσκω·
τί γὰρ νεφῶν μοι καὶ τίς ἦν πτερῶν χρείη
τῇ καὶ χαμᾶζε δυσκόλως προβαινούσῃ;”

116

Νυκτὸς μεσούσης ᾖδε παῖς τις εὐφώνως.
γυνὴ δ᾽ ἀκούει τοῦδε, κἀξαναστᾶσα
θυρίδων προκύπτει, καὶ βλέπουσα τὸν παῖδα
λαμπρῆς σελήνης ἐν φάει καλὸν λίην,
τὸν ἄνδρ᾽ ἑαυτῆς καταλιποῦσα κοιμᾶσθαι
κάτω μελάθρων ἦλθε, καὶ θύρης ἔξω
ἐλθοῦσ᾽ ἐποίει τὴν προθυμίην πλήρη.
ὡνήρ δὲ ταύτης ἐξανίστατ᾽ ἐξαίφνης
ζητῶν ὅπoὐστί, κοὐκ ἰδὼν δόμων εἴσω
μηδὲν χανών τε καὐτὸς ἦλθεν εἰς οἶμον,
καὶ τῇ συνεύνῳ φησί· “μηδὲν ἐκπλήσσου,
τὸν παῖδα δ᾽ ἡμῶν πεῖσον ἐν δόμοις εὕδειν.”
ὃν καὶ λαβὼν παρῆγεν. εἶτα κἀκεῖνος,
ἄμφω θελόντων δρᾶν τι, τῇδ᾽ ἐρᾳθύμει.

115

Die faule Schildkröte sagte einmal zu den Tauchern
im Sumpf, den Möwen und den wilden Seeschwalben:
»Wenn doch auch mich jemand geflügelt machte!«
Da sagte von ungefähr der Adler zu ihr dies:
»Wie viel Lohn, Schildkröte, wirst du mir, dem Adler, geben,
der ich dich leicht in die Höhe erheben werde?«
»Alle Gaben des Roten Meers werde ich dir geben.«
»Also will ich es dich lehren«, sagte er. Da erhob er sie, auf ihren Rücken [gedreht,
verbarg sie in den Wolken, warf sie von dort auf einen Berg
und zerbrach ihr die ganze Schale ihres Rückens.
Die aber sagte, ihre Seele aushauchend: »Mit Recht sterbe ich.
Was brauchte ich die Wolken, was Flügel,
die ich doch am Boden schwerfällig vorwärts ging?«

116

Um Mitternacht sang ein Junge wohltönend.
Und eine Frau hört ihn, steht auf,
schaut aus dem Fenster, und als sie den sehr schönen
Jungen im Licht des hellen Mondes erblickte,
ließ sie ihren Mann schlafend zurück,
ging aus dem Haus hinunter, ging aus der
Tür hinaus und erfüllte ihr Verlangen.
Da stand plötzlich ihr Mann auf,
suchte, wo sie sei, und da er sie im Haus nicht sah,
sperrte er den Mund nicht auf und ging selbst auf die Straße.
Und er sagte zu seiner Bettgefährtin: »Erschrick nicht,
sondern überrede den Jungen, in unserm Haus zu schlafen.«
Und er nahm ihn mit und verführte ihn. Danach hatte auch jener,
wenn beide etwas tun wollten, auf diese Weise sein Vergnügen.

117

Νεώς ποτ' αὐτοῖς ἀνδράσιν βυθισθείσης
ἰδών τις ἀδίκως ἔλεγε τοὺς θεοὺς κρίνειν·
ἑνὸς γὰρ ἀσεβοῦς ἐμβεβηκότος πλοίῳ
πολλοὺς σὺν αὐτῷ μηδὲν αἰτίους θνήσκειν.
καὶ ταῦθ' ὁμοῦ λέγοντος, οἷα συμβαίνει,
πολλῶν ἐπ' αὐτὸν ἑσμὸς ἦλθε μυρμήκων,
σπεύδοντες ἄχνας πυρίνας ἀποτρώγειν·
ὑφ' ἑνὸς δὲ δηχθεὶς συνεπάτησε τοὺς πλείους.
Ἑρμῆς δ' ἐπιστὰς τῷ τε ῥαβδίῳ παίων
"εἶτ' οὐκ ἀνέξῃ" φησί "τοὺς θεοὺς εἶναι
ὑμῶν δικαστὰς οἷος εἶ σὺ μυρμήκων;"

118

Ξουθὴ χελιδών, ἡ πάροικος ἀνθρώπων,
ἔαρος καλιὴν ηὐθέτιζεν ἐν τοίχῳ,
ὅπου γερόντων οἶκος ἦν δικαστήρων·
κἀκεῖ νεοσσῶν ἑπτὰ γίνεται μήτηρ,
οὔπω πτερίσκοις πορφυροῖς ἐπανθούντων.
ὄφις δὲ τούτους ἑρπύσας ἀπὸ τρώγλης
ἅπαντας ἑξῆς ἔφαγεν. ἡ δὲ δειλαίη
παίδων ἀώρων συμφορὰς ἐπεθρήνει,
"οἴμοι" λέγουσα, "τῆς ἐμῆς ἐγὼ μοίρης·
ὅπου νόμοι γὰρ καὶ θέμιστες ἀνθρώπων,
ἔνθεν χελιδὼν ἠδικημένη φεύγω."

117

Als einmal ein Schiff mitsamt den Männern gesunken war,
sagte einer, der es gesehen hatte, dass die Götter ungerecht urteilten;
denn weil ein Gottloser an Bord des Schiffes gegangen war,
stürben viele mit ihm, ohne schuldig zu sein.
Und während er dies sagte, kam, wie es so geschieht,
auf ihn ein Schwarm vieler Ameisen zu,
die sich beeilten, die Spreu seines Weizens zu verzehren;
von einer aber gebissen, zertrampelte er die Mehrzahl von ihnen.
Da trat Hermes zu ihm, schlug ihn mit seinem Stab und sagte:
»Wirst du es nun nicht ertragen, dass die Götter über
euch Richter sind wie du über die Ameisen?«

118

Die helltönende Schwalbe, die Mitbewohnerin der Menschen,
machte sich im Frühling ihr Nest an der Wand zurecht,
wo das Haus der alten Richter war.
Und dort wird sie Mutter von sieben Jungen,
die noch nicht mit purpurnen Flügeln prangen.
Eine Schlange aber kroch aus ihrem Loch und fraß
diese alle der Reihe nach auf. Und die Ärmste
beklagte das Verhängnis ihrer noch nicht herangereiften Jungen,
wobei sie sagte: »O weh über mein Schicksal!
Denn wo die Gesetze und Rechte der Menschen sind,
von dort fliehe ich, die Schwalbe, weil mir Unrecht geschehen ist.«

119

Ξύλινόν τις Ἑρμῆν εἶχεν· ἦν δὲ τεχνίτης.
σπένδων δὲ τούτῳ καὶ καθ’ ἡμέρην θύων
ἔπρασσε φαύλως. τῷ θεῷ δ’ ἐθυμώθη,
χαμαὶ δ’ ἀπεκρότησε τοῦ σκέλους ἄρας.
χρυσὸς δὲ κεφαλῆς ἐρρύη καταγείσης,
ὃν συλλέγων ἄνθρωπος εἶπεν· “Ἑρμεία,
σκαιός τίς ἐσσι καὶ φίλοισιν ἀγνώμων,
ὃς προσκυνοῦντας οὐδὲν ὠφέλεις ἥμας,
ἀγαθοῖς δὲ πολλοῖς ὑβρίσαντας ἠμείψω.
τὴν εἰς σὲ καινὴν εὐσέβειαν οὐκ ᾔδειν.”

120

Ὁ τελμάτων ἔνοικος, ὁ σκιῇ χαίρων,
ὁ ζῶν ὀρυκτοῖς βάτραχος παρ’ εὐρίποις,
εἰς γῆν παρελθὼν ἔλεγε πᾶσι τοῖς ζῴοις·
“ἰατρός εἰμι φαρμάκων ἐπιστήμων,
οἵων τάχ’ οὐδεὶς οἶδεν, οὐδ’ ὁ Παιήων,
ὃς Ὄλυμπον οἰκεῖ καὶ θεοὺς ἰατρεύει.”
“καὶ πῶς” ἀλώπηξ εἶπεν “ἄλλον ἰήσῃ,
ὃς σαυτὸν οὕτω χλωρὸν ὄντα μὴ σῴζεις;”

121

Ὄρνις ποτ’ ἠσθένησε. τῇ δὲ προσκύψας
αἴλουρος εἶπε· “πῶς ἔχεις; τίνων χρῄζεις;
ἐγὼ παρέξω πάντα σοι· μόνον σώζου.”
ἡ δ’ “ἢν ἀπέλθῃς”, εἶπεν, “οὐκ ἀποθνῄσκω.”

119

Einer besaß einen hölzernen Hermes; er war ein Handwerker.
Obwohl er ihm Trankspenden brachte und ihm täglich opferte,
ging es ihm schlecht. Da zürnte er dem Gott,
hob ihn am Bein hoch und schlug ihn auf den Boden.
Und Gold ergoss sich aus dem zerbrochenen Kopf.
Das sammelte der Mensch auf, und er sagte: »Hermeias,
du bist link und unverständig gegenüber deinen Freunden,
der du uns, als wir vor dir knieten, in keiner Weise halfst,
jedoch, als wir dich entehrten, es mit viel Gutem entgaltest.
Diese neuartige Frömmigkeit dir gegenüber kannte ich nicht.«

120

Der Bewohner der Sümpfe, der, welcher sich am Schatten freut,
der bei den engen Gräben lebende Frosch,
kam auf das Festland und sagte allen Tieren:
»Ich bin ein Arzt, der Heilmittel kundig,
wie vielleicht keiner sie kennt, auch nicht Paieon,
der den Olymp bewohnt und die Götter ärztlich versorgt.«
»Und wie«, sagte der Fuchs, »willst du einen anderen heilen,
der du dich selbst, so bleich, wie du bist, nicht rettest?«

121

Das Huhn wurde einmal krank. Und zu ihm schaute
die Katze hinein und sagte: »Wie geht es dir? Was brauchst du?
Ich werde dir alles verschaffen. Nur lass dich retten.«
Da sagte es: »Wenn du weggehst, sterbe ich nicht.«

122

Ὄνος πατήσας σκόλοπα χωλὸς εἱστήκει·
λύκον δ' ἰδὼν παρόντα καὶ σαφῆ δείσας
ὄλεθρον οὕτως εἶπεν· "ὦ λύκε, θνήσκω
μέλλω τ' ἀποπνεῖν. σοὶ δὲ συμβαλὼν χαίρω·
σὺ μᾶλλον ἢ γὺψ ἢ κόραξ με δειπνήσεις.
χάριν δέ μοι δὸς ἀβλαβῆ τε καὶ κούφην
ἐκ τοῦ ποδός μου τὴν ἄκανθαν εἰρύσσας,
ὥς μου κατέλθῃ πνεῦμ' ἀναλγὲς εἰς Ἅιδου."
κἀκεῖνος εἰπών "χάριτος οὐ φθονῶ ταύτης"
ὀδοῦσιν ἄκροις σκόλοπα θερμὸν ἐξῄρει.
ὁ δ' ἐκλυθεὶς πόνων τε κἀνίης πάσης
τὸν κνηκίην χάσκοντα λακτίσας φεύγει,
ῥῖνας μέτωπα γομφίους τ' ἀλοιήσας.
"οἴμοι", λύκος "τάδ'" εἶπε "σὺν δίκῃ πάσχω·
τί γὰρ ἄρτι χωλοὺς ἠρξάμην ἰατρεύειν,
μαθὼν ἀπ' ἀρχῆς οὐδὲν ἢ μαγειρεύειν;"

123

Ὄρνιθος ἀγαθῆς ᾠὰ χρυσὰ τικτούσης
ὁ δεσπότης ἐνόμισεν ἐντὸς εὑρήσειν
χρυσοῦ μέγιστον ὄγκον, ὅνπερ ὠδίνειν·
θύσας δὲ ταύτην εὗρε τὴν φύσιν πάσαις
⟨λοιπαῖς⟩ ὁμοίην ⟨καὶ τὰ πάντα σαρκώδη⟩.
ἄθρουν δὲ πλοῦτον ἐλπίσας τε καὶ σπεύσας
ἀπεστερήθη τοῦ τὰ μικρὰ κερδαίνειν.

122

Der Esel trat auf einen Dorn und stand lahm da.
Da sah er den Wolf nahen, und weil er sein sicheres Verderben
fürchtete, sprach er so: »Wolf, ich sterbe
und bin dabei, meine Seele auszuhauchen. Aber ich freue mich, dass ich dich treffe:
Es ist besser, dass *du* mich verspeisen wirst als ein Geier oder ein Rabe.
Doch tu mir einen unschädlichen und leichten Gefallen,
indem du aus meinem Fuß den Dorn herausziehst,
damit mein Geist schmerzfrei in den Hades hinab kommt.«
Und jener sagte: »Diesen Gefallen missgönne ich dir nicht«,
und zog mit spitzen Zähnen den warmen Dorn heraus.
Der aber, befreit von seinen Leiden und der ganzen Qual,
tritt den Gelblichen, der das Maul aufsperrt, mit dem Huf und flieht,
nachdem er ihm auf Nase, Stirn und die Kiefer geschlagen hat.
»Wehe mir«, sagte der Wolf, »mit Recht erleide ich dies.
Denn warum habe ich gerade angefangen, Lahme zu verarzten,
der ich von Anfang an nichts als Morden gelernt habe?«

123

Als ein gutes Huhn goldene Eier legte,
glaubte der Besitzer, dass er im Inneren einen riesigen
Klumpen Gold finden werde, von dem es seine Wehen habe.
Aber als er es geschlachtet hatte, fand er es in seiner Natur allen
übrigen gleich und ganz und gar aus Fleisch bestehend.
Auf großen Reichtum hoffend und es eilig damit habend,
wurde er eines kleinen Gewinns beraubt.

*124

Ὀρνιθοθήρῃ φίλος ἐπῆλθεν ἐξαίφνης,
μέλλοντι θύμβρα καὶ σέλινα δειπνήσειν.
ὁ δὲ κλωβὸς εἶχεν οὐδέν· οὐ γὰρ ἠγρεύκει.
ὥρμησε δὴ πέρδικα ποικίλον θύσων,
ὃν ἡμερώσας εἶχεν εἰς τὸ θηρεύειν.
ὁ δ' αὐτὸν οὕτως ἱκέτευε μὴ κτεῖναι·
"τὸ λοιπόν, ⟨ὦ τᾶν⟩, δικτύῳ τί ποιήσεις,
ὅταν κυνηγῇς; τίς δέ σοι συναθροίσει
εὔωπὸν ἀγέλην ὀρνέων φιλαλλήλων;
τίνος μελῳδοῦ πρὸς ⟨τὸν⟩ ἦχον ὑπνώσεις;"
ἀφῆκε τὸν πέρδικα, καὶ γενειήτην
ἀλεκτορίσκον συλλαβεῖν ἐβουλήθη.
ὁ δ' ἐκ πεταύρου κλαγγὸν εἶπε φωνήσας·
"πόθεν μαθήσῃ πόσσον εἰς ἕω λείπει,
τὸν ὡρόμαντιν ἀπολέσας ⟨με⟩; πῶς γνώσῃ
πότ' ἐννυχεύει χρυσότοξος Ὠρίων;
ἔργων δὲ τίς σε πρωινῶν ἀναμνήσει,
ὅτε δροσώδης ταρσός ἐστιν ὀρνίθων;"
κἀκεῖνος εἶπεν· "οἶσθα χρησίμους ὥρας·
ὅμως δὲ δεῖ σχεῖν ⟨τὸν φίλον⟩ τί δειπνήσει."

*125

Ὄνος τις ἀναβὰς εἰς τὸ δῶμα καὶ παίζων
τὸν κέραμον ἔθλα, καί τις αὐτὸν ἀνθρώπων
ἐπιδραμὼν κατῆγε τῷ ξύλῳ παίων.
ὁ δ' ὄνος πρὸς αὐτόν, ὡς τὸ νῶτον ἠλγήκει,
"καὶ μὴν πίθηκος ἐχθές" εἶπε "καὶ πρώην
ἔτερπεν ὑμᾶς αὐτὸ τοῦτο ποιήσας."

*124

Zu einem Vogelsteller kam unerwartet ein Freund,
als er im Begriff war, Saturei und Sellerie zu essen.
Der Vogelkäfig aber enthielt nichts; denn er war nicht auf der Jagd gewesen.
Schon machte er sich daran, das bunte Rebhuhn zu schlachten,
das er gezähmt hatte und sich für die Jagd hielt.
Da flehte es ihn so an, es nicht zu töten:
»Was, mein Lieber, wirst du künftig mit deinem Netz machen,
wenn du zur Jagd gehst? Wer wird dir die schönblickende
Schar der sich gegenseitig liebenden Vögel zusammenbringen?
Beim Ertönen welches Sängers wirst du einschlafen?«
Er ließ das Rebhuhn leben und wollte
das bärtige Hähnchen packen.
Das ließ von seiner Stange ein Krähen ertönen und sagte:
»Woher willst du erfahren, wie viel bis zur Morgenröte fehlt,
wenn du mich, den Stundenpropheten, tötest? Wie willst du erkennen,
wann der goldenbogige Orion nächtigt?
Und wer wird dich an deine morgendlichen Arbeiten erinnern,
wenn die Federn der Vögel nass vom Tau sind?«
Und jener sprach: »Du kennst die nützlichen Stunden.
Aber dennoch muss mein Freund etwas bekommen, das er essen kann.«

*125

Ein Esel, der auf ein Hausdach stieg, zerbrach, während er
herumspielte, die Ziegel, und irgendeiner von den Menschen
lief herbei, schlug ihn mit einem Stück Holz und trieb ihn herunter.
Der Esel aber sagte zu ihm, weil ihm der Rücken wehtat:
»Und doch hat ein Affe gestern und vorgestern
euch erheitert, indem er genau dies tat.«

*126

Ὁδοιπορῶν ἄνθρωπος εἰς ἐρημαίην
ἑστῶσαν εὗρε †τὴν Ἀλήθειαν μόνην†
καί φησιν αὐτῇ· “διὰ τίν’ αἰτίην ⟨ – – ⟩
τὴν πόλιν ἀφεῖσα τὴν ἐρημίην ναίεις;”
ἡ δ’ εὐθὺ πρὸς τάδ’ εἶπεν ἡ βαθυγνώμων·
“⟨τὸ μὲν παλαιὸν⟩ παρ’ ὀλίγοισιν ἦν ψεῦδος,
νῦν δ’ εἰς βροτοὺς ἅπαντας †ἐλήλυθε ψεῦδος†.”

*127

†Ὁ Ζεὺς τὰς τῶν ἀνθρώπων ἁμαρτίας ἐν ὀστράκοις τὸν Ἑρμῆν γράφειν†
ὥριζε κεἰς κιβωτὸν αὐτὰ σωρεύειν
⟨ × – ⏑ – × – ⏑ ⟩ ὡς ἐρευνήσας
⟨ × – ⟩ ἑκάστου τὰς δίκας ἀναπράσσῃ.
τῶν ὀστράκων δὲ κεχυμένων ⟨ἐπ’⟩ ἀλλήλοις
τὸ μὲν βράδιον τὸ δὲ τάχιον ἐμπίπτει
εἰς τοῦ Διὸς τὰς χεῖρας, εἴ ποτ’ εὐθύνοι.
τῶν οὖν πονηρῶν οὐ προσῆκε θαυμάζειν
ἢν θᾶσσον ἀδικῶν ὀψέ τις κακῶς πράσσῃ.

*128

Ὄις τις εἶπε πρὸς νομῆα τοιαῦτα·
“κείρεις μὲν ἡμᾶς, καὶ πόκους ἔχεις κέρσας,
⟨τὸ⟩ γάλα δ’ ἀμέλγων ἔστι σοι φίλον πῆξαι,
ἡμῶν δὲ τέκνα μῆλά σοι περισσεύει.
πλέον οὐδὲν ἡμῖν· ἀλλὰ χὴ τροφὴ γαίης
ἅπασ’· ἐν ὄρεσι ⟨δ’⟩ εὐθαλὲς τί γεννᾶται;

*126

Ein Mensch, der eine Reise in eine Einöde machte,
fand die Wahrheit allein dort stehend
und sagte zu ihr: »Aus welchem Grund […]
hast du die Stadt aufgegeben und bewohnst die Einöde?
Sie, die Tiefweise, sagte sofort dies:
»In alter Zeit war nur bei wenigen die Lüge;
jetzt aber ist die Lüge zu allen Sterblichen gekommen.«

*127

Zeus setzte fest, dass Hermes die Verfehlungen der Menschen
auf Tonscherben schreibe
und sie in einer Kiste aufhäufe,
[…] damit er nachforschen
[…] und Strafe für einen jeden einfordern könne.
Da nun die Tonscherben aufeinander geschüttet worden waren,
fällt die eine später, die andere früher
in die Hände des Zeus, wenn er irgendwann straft.
Man darf sich also nicht wundern, dass es von den Bösen jemandem,
wenn er schneller Unrecht tut, spät schlecht geht.

*128

Ein Schaf sprach zum Hirten Folgendes:
»Du scherst uns, und du hast nach der Schur die Wolle,
und wenn du melkst, ist es dir lieb, die Milch gerinnen zu lassen,
und unsere Kinder vermehren dir die Schafherde.
Für uns gibt es keinen Nutzen; ja alle unsere Nahrung kommt
aus der Erde. Auf den Bergen aber, was wächst da Frisches?

βοτάνη ⟨γ’⟩ ἀραιὴ καὶ δρόσου γεμισθεῖσα·
⟨τὴν⟩ κύνα δὲ φέρβεις ἧμιν ἐν μέσοις ταύτην
τρέφων ὁποῖα σαυτὸν εὐθαλεῖ σίτῳ.”
τούτων ἀκούσασ’ ἡ κύων ἔφη τοῖα·
“εἰ μὴ παρήμην κἀν μέσοισι πωλεύμην,
οὐκ ἄν ποθ’ ὑμεῖς ἔσχετ’ ἄφθονον ποίην·
ἐγὼ δὲ περιτρέχουσα πάντα κωλύω
δρηστῆρα λῃστὴν καὶ λύκον διωκτῆρα.”

*129

Ὄνον τις ἔτρεφε καὶ κυνίδιον ὡραῖον.
⟨τὸ⟩ κυνίδιον δ’ ἔχαιρε παῖζον εὐρύθμως,
τὸν δεσπότην τε ποικίλως περισκαῖρον·
κἀκεῖνος ⟨αὖ⟩ κατεῖχεν αὐτὸ τοῖς κόλποις.
ὁ δ’ ὄνος γ’ ⟨ἔκαμνε⟩ νύχθ’ ⟨ὅλην⟩ ἀλετρεύων
πυρὸν φίλης Δήμητρος, ἡμέρης δ’ ὕλην
κατῆγ’ ἀφ’ ὕψους, ἐξ ἀγροῦ θ’ ὅσων χρείη·
καὶ μὴν ἐν αὐλῇ παρὰ φάτναισι δεσμώτης
ἔτρωγε κριθὰς χόρτον, ὥσπερ εἰώθει.
δηχθεὶς δὲ θυμῷ καὶ περισσὸν οἰμώξας,
σκύμνον θεωρῶν ἁβρότητι σὺν πάσῃ,
φάτνης ὀνείης δεσμὰ καὶ κάλους ῥήξας
ἐς μέσσον αὐλῆς ἦλθ’ ἄμετρα λακτίζων.
σαίνων δ’ ὁποῖα καὶ θέλων περισκαίρειν,
τὴν μὲν τράπεζαν ἔθλασ’ ἐς μέσον βάλλων,
ἅπαντα δ’ εὐθὺς ἠλόησε τὰ σκεύη·
δειπνοῦντα δ’ ἰθὺς ἦλθε δεσπότην κύσσων,
νώτοις ἐπεμβάς· ἐσχάτου δὲ κινδύνου
θεράποντες ἐν μέσοισιν ὡς ⟨τὸν ἄνδρ’⟩ εἶδον,
ἐσάωσαν ⟨αὐτὸν ἐξ ὄνου γνάθων ὄντως⟩·

Doch nur ein bisschen Gras, noch dazu voll von Tau.
Die Hündin hier aber fütterst du in unserer
Mitte und ernährst sie mit frischer Speise wie dich selbst.«
Als die Hündin das gehört hatte, sprach sie so:
»Wenn ich nicht da wäre und in eurer Mitte weilte,
bekämet ihr niemals reichlich Gras.
Ich aber laufe herum und halte alles fern,
den niederträchtigen Räuber und den verfolgenden Wolf.«

*129

Einen Esel hielt sich einer und ein hübsches Hündchen.
Und das Hündchen hatte Spaß daran, anmutig zu spielen
und um den Herrn kunstreich herumzuspringen.
Und der wiederum pflegte es auf seinem Schoß zu halten.
Der Esel aber mühte sich die ganze Nacht ab, Korn
der lieben Demeter zu mahlen, und tagsüber brachte er
Holz von den Hügeln herab und vom Acker so viel, wie man brauchte.
Und dann fraß er im Hof, an die Krippe gefesselt,
sein Gerstenfutter, wie er es gewohnt war.
Erbittert aber in seinem Herzen und mehr als sonst wehklagend,
als er das Hündchen sah, wie es auf jede Art verwöhnt wurde,
zersprengte er Halfter und Seile, die ihn an der Eselskrippe festhielten,
und lief mitten in den Hof, ungebärdig mit den Hufen ausschlagend.
Schmeichelnd, wie's irgend ging, und um ihn herumtanzen wollend,
zerschmetterte er, mitten in den Speiseraum stürzend, den Tisch
und zerbrach sofort alles Geschirr.
Und auf den Herrn, der speiste, ging er geradewegs los, um ihn zu küssen,
ihm den Rücken besteigend. Als aber inmitten äußerster
Gefahr die Diener den Mann sahen,
retteten sie ihn in der Tat aus den Kinnbacken des Esels.

κρανέης δὲ κορύναις ἄλλος ἄλλοθεν κρούων
ἔθεινον, ὥστε καὐτὸς ὕστατ᾽ ἐκπνείων
"ἔτλην" ἔλεξεν "οἷα χρή με, δυσδαίμων·
τί γὰρ παρ᾽ οὐρήεσσιν οὐκ ἐπωλεύμην,
βαιῷ δ᾽ ὁ μέλεος κυνιδίῳ παρισούμην;"

*130

Πάγης ἀλώπηξ οὐκ ἄπωθεν ἑστῶσα
βουλὰς ἐκίνει ποικίλας, τί ποιήσει.
λύκος δὲ ταύτην πλησίος θεωρήσας
ἐγγὺς προσελθὼν τὸ κρέας λαβεῖν ᾔτει.
ἡ δ᾽ εἶπεν· "ἧκε τῇδε καὶ δέχου χαίρων.
φίλος γὰρ εἶ μοι τῶν ἄγαν ἀναγκαίων."
ὁ δ᾽ ἀθρόως ἐπῆλθεν· ὡς δὲ προσκύψας
ἔσεισε τὴν σκυταλίδα καὶ χαλασθείσης
ῥάβδου μέτωπα σύν τε ῥῖνας ἐπλήγη,
"ἀλλ᾽ εἰ τοιαῦτα" φησί "τοῖς φίλοις δώσεις
τὰ δῶρα, πῶς τις σοὶ φίλος συναντήσει;"

*131

Νέος ἐν κύβοισιν οὐσίην ἀναλώσας
στολὴν ἑαυτῷ κατέλιπεν μίαν ⟨μούνην⟩,
χειμῶνος ὄντος μὴ πάθοι τι ῥιγώσας.
ἀλλ᾽ αὐτὸν ἡ χεὶρ ἐξέδυσε καὶ ταύτης.
πρὸ γὰρ εἴαρος λιποῦσα ⟨τὰς⟩ κάτω Θήβας
ἐφάνη χελιδὼν ἐκπεσοῦσα τῆς ὥρης·
ταύτης ἀκούσας μικρὰ τιττυβιζούσης
"τί μοι περισσῶν" εἶπεν "εἱμάτων χρείη;

Mit Keulen von Hartholz stießen und schlugen sie ihn, der eine von hier,
der andere von dort, so dass er, selbst seinen letzten Atem aushauchend,
sagte: »Ertragen musste ich, was mir gebührte, ich Unseliger.
Denn warum blieb ich nicht bei den Maultieren,
sondern stellte mich, ich Elender, einem kleinen Hündchen gleich?«

*130

Der Fuchs stand nicht weit von einer Falle
und bewegte bei sich verschiedene Pläne, was er tun könnte.
Da sah ihn der Wolf in seiner Nähe,
trat heran und verlangte, das Fleisch zu nehmen.
Und der sagte: »Komm hierher und nimm es freudig in Empfang.
Denn du bist mein Freund unter den engsten Vertrauten.«
Der kam sogleich her. Als er sich aber niederbeugte,
brachte er den Stab in Bewegung, der Schlagstock wurde
freigesetzt und er zugleich an der Stirn und an der Nase getroffen,
und er sagte: »Aber wenn du deinen Freunden solche Geschenke
gibst, wie wird dir auch nur irgendein Freund über den Weg laufen?«

*131

Ein junger Mann, der beim Würfelspiel sein Vermögen vergeudet hatte,
behielt für sich selbst nur einen einzigen Mantel,
damit er, wenn es Winter war, nicht Kälte erleide.
Aber seine Hand zog ihm auch den noch aus.
Denn vor dem Frühling verließ das Theben des Südens
eine Schwalbe und zeigte sich außerhalb ihrer Jahreszeit.
Als er sie hörte, wie sie leise zwitscherte,
sagte er: »Was brauche ich überflüssige Kleidung?

ἰδοὺ χελιδὼν ἥδε· καῦμα σημαίνει."
ὡς δ' εἶπεν, ἐλθὼν τοῖς κύβοισιν ὡμίλει
καὶ σμικρὰ παίξας τὴν στολὴν ἐνικήθη.
νιφετὸς δ' ἐπῆλθε καὶ χάλαζα φρικώδης,
κροκύδος δὲ καινῆς πᾶσιν ἦν τότε χρείη.
γυμνὸς δ' ἐκεῖνος τῆς θύρης ὑπεκκύψας
καὶ τὴν λάλον χελιδόν' ⟨αὖ⟩ κατοπτεύσας
πεσοῦσαν ὥσπερ στρουθίον ⟨τι⟩ τῷ ψύχει
"τάλαινα" φησίν, "εἴθε μοι τότ' οὐκ ὤφθης·
ὡς γὰρ σεαυτὴν κἀμὲ νῦν διεψεύσω."

*132

Ὄις μονήρης λύκον ἔφευγεν ἐξαίφνης
ἰδοῦσα, σηκοῦ δ' ἐντὸς ἦλθεν ἀκλείστου·
θυσίη γὰρ ἦν τις κατὰ τύχην ἑορταίη.
ὁ λύκος δ' ἔσω μὲν οὐ παρῆλθε τοῦ τείχους,
ἔξω δ' ἐφεστὼς τὴν ὄιν καθωμίλει
"ὁρᾷς" λέγων "τὸν βωμὸν αἵματος πλήρη;
ἔξελθε, μή τις συλλάβῃ σε καὶ θύσῃ."
ἡ δ' εἶπε· "μή μου τῆς ἀσυλίης κήδου·
καλῶς ἔχει μοι· κἂν δὲ τοῦτο συμβαίνῃ,
θεοῦ γενοίμην σφάγιον ἢ λύκου θοίνη."

*133

Ὄνος παλιούρων ἤσθι' ὀξέην χαίτην.
τὸν δ' εἶδ' ἀλώπηξ, ἑρπύσασα δ' εἰρήκει·
"πῶς, οὗτος, ἁπαλῇ κἀξανειμένῃ γλώσσῃ
σκληρὸν μαλάσσεις προσφάγημα καὶ τρώγεις;"

Schau, die Schwalbe da: Sie zeigt Wärme an.«
So sprach er, ging hin, nahm am Würfelspiel teil,
und als er ein wenig gespielt hatte, verlor er den Mantel.
Aber ein Schneesturm und ein schauerlicher Hagel kamen auf,
und alle brauchten neue Wollkleidung.
Da schaute er nackt aus der Tür heraus,
und als er die geschwätzige Schwalbe wieder erblickte,
die wie ein Spatz vor Kälte umgefallen war,
sagte er: »Du Ärmste, wärst du doch von mir neulich nicht gesehen worden!
Denn so hast du dich selbst und auch mich jetzt getäuscht.«

*132

Ein einsames Schaf erblickte plötzlich einen Wolf, floh
und kam in einen heiligen Bezirk, der unverschlossen war;
denn zufällig fand ein festliches Opfer statt.
Der Wolf nun ging nicht in das Innere der Mauern,
sondern stand außerhalb und redete mit dem Schaf,
wobei er sagte: »Siehst du den Altar voller Blut?
Komm heraus, damit dich nicht jemand packt und schlachtet.«
Da sagte es: »Kümmer du dich nicht um meine Unverletztheit!
Mir geht es gut. Aber auch wenn dies geschieht,
möchte ich lieber Opfertier eines Gottes sein als Schmaus eines Wolfes.«

*133

Der Esel fraß die spitzigen Blätter von Dornbüschen.
Den sah nun der Fuchs, schlich heran und sagte:
»Du da, wie kannst du mit deiner weichen, ausgestreckten Zunge
harte Speise weich machen und fressen?«

*134

Οὐρή ποτ᾽ ὄφεως οὐκέτ᾽ ἠξίου πρώτην
κεφαλὴν βαδίζειν οὐδ᾽ ἐφείπεθ᾽ ἑρπούσῃ·
"κἀγὼ γάρ" εἶπεν "ἐν μέρει προηγοίμην."
τὰ λοιπὰ μέρεα δ᾽ εἶπεν "οὐχὶ σιγήσῃ;
πῶς, ὦ τάλαινα, χωρὶς ὀμμάτων ἥμας
ἢ ῥινὸς ἄξεις, οἷς ἕκαστα τῶν ζῴων
τὰ πορευτὰ βαίνει πάντα πόδα ⟨τ᾽ ἐπ⟩ευθύνει;"
τὴν δ᾽ οὐκ ἔπειθε, τὸ φρονοῦν δ᾽ ἐνικήθη,
τὸ μὴ φρονοῦν δὲ λοιπὸν ἦρχε τῶν πρώτων,
οὐρὴ δ᾽ ὄπισθεν ἡγεμὼν καθειστήκει
σύρουσα τυφλῇ πᾶν τὸ σῶμα κινήσει·
κοιλὸν δὲ πέτρης εἰς βάραθρον ἠνέχθη
καὶ τὴν ἄκανθαν ταῖς πέτραισι συντρίβει.
σαίνουσα δ᾽ ἱκέτευεν ἡ πρὶν αὐθάδης·
"δέσποινα κεφαλή, σῶσον, ⟨εἰ θέλεις,⟩ ἥμας·
κακῆς γὰρ ἔριδος σὺν κακοῖς ἐπειράθην·
εἰς πρῶτον οὖν μᾶλλόν με ⟨σοὶ⟩ καθιστάσῃ
ἐγὼ προσέξω", φησί, "μή ποτ᾽ ἀρχούσης
ἐμοῦ τι δόξῃς ὕστερον κακῶν κύρειν."

*135

Πέρδικά τις πριάμενος ἐντρέχειν οἴκῳ
ἀφῆκεν· ἡδέως γὰρ εἶχε τοῦ ζῴου.
κἀκεῖνος εὐθὺς κλαγγὸν ἐξ ἔθους ᾄδων
πᾶσαν κατ᾽ αὐλὴν ἄχρι βημάτων ᾔει.
γαλῆ πρὸς αὐτὸν ἠπίβουλος ὡρμήθη
καὶ πρῶτον εἶπε· "τίς μὲν εἶ, πόθεν ⟨δ᾽⟩ ἥκεις;"
ὁ δ᾽ "ἠγόρασμαι" φησί "προσφάτως ⟨πέρδιξ⟩."

*134

Der Schwanz der Schlange hielt es einmal nicht für angemessen, dass vorne
der Kopf ging, und folgte nicht mehr, wenn sie kroch.
»Denn auch ich für mein Teil«, sagte er, »möchte vorausgehen.«
Die übrigen Glieder aber sagten: »Willst du nicht still sein?
Wie, du Unglückseliger, willst du uns ohne Augen
und Nase führen, durch die alle gehfähigen
Lebewesen gehen und jeden Fuß lenken?«
Sie konnten ihn aber nicht überzeugen; das, was dachte, wurde besiegt,
das, was nicht dachte, herrschte künftig über die Vorderen,
der Schwanz hinten war als Anführer eingesetzt
und schleppte den ganzen Körper in blinder Bewegung mit.
Da stürzte er in einen tiefen Abgrund
und zerschlug sich das Rückgrat an den Felsen.
Und schmeichelnd flehte der vorher Selbstgefällige:
»Herr Kopf, rette uns, wenn du willst.
Denn ich habe einen bösen Streit mit bösen Folgen ausprobiert.
Wenn du mich also an meinen ursprünglichen Platz gestellt hast,
werde ich dir noch mehr ergeben sein, damit du niemals glauben musst,
du könntest unter meiner Herrschaft auch künftig in Unheil geraten.«

*135

Jemand hatte sich ein Rebhuhn gekauft und ließ es im Haus
herumlaufen; denn er hatte Freude an dem Tier.
Und jenes ertönte sofort laut singend nach seiner Gewohnheit
und ging im ganzen Hof herum bis zum Herd.
Die hinterlistige Katze machte sich heran
und sagte zunächst: »Wer bist du und woher kommst du?«
Und es sagte: »Ich bin kürzlich gekauft worden, ein Rebhuhn.«

“ἐγὼ χρόνον τοσοῦτον ἐνθαδὶ τρίβω
καὶ μ’ ἔνδον ἔτεκεν ἡ μυοκτόνος μήτηρ,
ἀλλ’ ἡσυχάζω καὶ πρὸς ἑστίην δύνω·
σὺ δ’ ἄρτι πως ὠνητός, ὡς λέγεις, ἥκων
παρρησιάζῃ” φησί “καὶ κατακρώζεις;”

*136

Υἱὸν μονογενῆ δειλὸς εἶχε πρεσβύτης
γενναῖον ἄλλως καὶ θέλοντα θηρεύειν.
τοῦτον καθ’ ὕπνους ὑπὸ λέοντος ᾠήθη
θανόντα κεῖσθαι· ⟨καὶ φοβούμενος⟩ μήπως
ὕπαρ γένηται καὶ τὸ φάσμ’ ἀληθεύσῃ
κάλλιστον οἶκον ἐξελέξατ’ ἀνδρῶνα
ὑψηλὸν ⟨ὄντ’⟩ εὔδμητον ἡλίου πλήρη,
κἀκεῖ τὸν υἱὸν παρεφύλασσε συγκλείσας.
χὤπως ἔχῃ τι βουκόλημα τῆς λύπης
ἐνέθηκε τοίχοις ποικίλας γραφὰς ζῴων,
ἐν οἷς ἅπασι καὶ λέων ἐμορφώθη.
⟨ὁρῶντα δ’ αὐτὸν μᾶλλον εἶχεν ἡ λύπη.⟩
καὶ δή ποθ’ ἑστὼς τοῦ λέοντος οὐ πόρρω
“κάκιστε θ⟨ηρῶν,” εἶπεν, “ὡς⟩ σὺ τὸν ψεύστην
ὄνειρον ⟨ἄλλως⟩ ὄμμασιν πατρὸς δείξας
ἔχεις με φρουρῇ περιβαλὼν γυναικείῃ.
τί δὴ ’πὶ σοὶ λόγοισιν; †κε ουκ εργον ποιω†
τοίχῳ δὲ χεῖρ’ ἐπέβαλε †τον λεοντα τυφλωσων†.
σκόλοψ† δὲ τουτω υπονυχα κεκαθαιμωσδουσ
τη.σαρκοσ̣ εισδυσησ ηνυσε ποιων θερμα
δεπ αυτω ην†
†ο βρεσβυ. ουτωσ τη̣σ̣ ουκ εσωσε τὸν παῖδα
μελλοντα θνησκειν†

»Ich halte mich hier schon so lange Zeit auf,
und mich hat im Haus die mäusetötende Mutter geboren,
aber ich verhalte mich ruhig und schlüpfe beim Herd unter.
Du aber, soeben zufällig gekauft und gekommen, wie du sagst,
tönst frei heraus«, sagte die, »und krähst laut?«

*136

Ein ängstlicher alter Mann hatte einen einzigen Sohn,
der vergeblich kühn war und jagen wollte.
Im Schlaf glaubte er, dieser liege da,
getötet von einem Löwen. Und da er fürchtete, dass
das Wirklichkeit werden und die Vision sich bewahrheiten könnte,
wählte er ein sehr schönes Haus als Männerdomizil aus,
das hoch war, gut gebaut, voll von Sonnenlicht,
und dort schloss er seinen Sohn ein und bewachte ihn.
Und damit der etwas habe, was ihn über seinen Kummer hinwegtäusche,
ließ er an die Wände bunte Gemälde von Tieren setzen,
unter denen allen auch ein Löwe abgebildet war.
Aber wenn der den sah, ergriff ihn noch mehr der Kummer,
und so stand er einmal nicht weit von dem Löwen
und sagte: »Du bösestes der wilden Tiere, nur weil du den falschen
Traum vergeblich den Augen meines Vaters gezeigt hast,
hast du mich unter Bewachung gestellt wie eine Frau und hältst mich fest.
Warum also auf dich mit Worten? […] tue nicht ein Werk […]
und er schlug die Hand gegen die Wand, um den Löwen blind zu machen.
Ein Holzsplitter aber drang ihm unter dem Nagel ein, eine blutige
drang sofort in das Fleisch ein, ein Fieber bewirkend [Entzündung
[…] für ihn war […]
der Alte. So rettete er […] seinen Sohn nicht,
der sterben sollte [...].

Ἅ σοι πέπρωται ταῦτα τλῆθι γενναίως
καὶ μὴ σοφίζου· τὸ χρεὼν γὰρ οὐ φεύξῃ.

*137

Ὄνυξιν ἄρας ἄρνα λιπαρὸν ἐκ ποίμνης
⟨τοῖς⟩ παισὶν ἦγε δεῖπνον αἰετὸς δώσειν·
τὸ δ' αὐτὸ πράξειν καὶ κολοιὸς ᾠήθη.
καὶ δὴ καταπτὰς ἀρνὸς ἐσχέθη νώτοις
* * *
"δίκην δ' ἀνοίης" εἶ⟨πεν⟩ "ἀξίως τίνω·
τί γὰρ ὢν κολοιὸς αἰετοὺς ἐμιμούμην;"

*138

Πέρδικά τις γεωργὸς ὃν τεθηρεύκει
θύειν ἔμελλεν ἑσπέρης ⟨τι⟩ δειπνήσων.
τὸν δ' ἱκέτευε· "⟨– ◡ – ◡⟩ ἢν ζήσω
†ἀντ' ἐμοῦ πολλὰς πέρδικας ἐγώ σοι
κυνηγήσω." ὁ δὲ εἶπεν· "δι' αὐτὸ τοῦτο
μᾶλλόν σε θύσω†
ὅτι τοὺς συνα⟨ίμους καὶ φί⟩λους ἐνεδρεύεις."

*139

Ὄνος λεοντῆν ἰσχίοις ἐφαπλώσας
ἔφασκεν εἶναι πᾶσι φοβερὸς ἀνθρώποις·
σκιρτῶν ⟨δ'⟩ ἐπήδα, τῆς δορῆς δὲ τοῦ νώτου
ἀπορρυείσης ὄνος ἐὼν ἐφωράθη.

Was dir vom Schicksal bestimmt ist, ertrage tapfer,
und erklügle nichts: Dem, was sein muss, wirst du nicht entgehen.

*137

Mit seinen Krallen hob der Adler ein fettes Lamm aus der Herde
in die Höhe und trug es fort, um es seinen Jungen zum Mahl zu geben.
Die Dohle aber glaubte, dasselbe tun zu können.
Und da flog sie hinab und hielt sich am Rücken eines Lamms fest

* * *

»Ich büße mit Recht für meine Dummheit«, sagte sie,
»denn warum habe ich, die Dohle, Adler imitiert?«

*138

Ein Bauer war im Begriff, ein Rebhuhn, das er erjagt hatte,
zu schlachten, um es am Abend zu verspeisen.
Den aber flehte es so an: »[…] wenn ich am Leben bleibe,
werde ich dir an meiner Stelle viele Rebhühner
erjagen.« Der aber sagte: »Gerade deshalb werde
ich dich umso mehr schlachten […],
weil du deinen Blutsverwandten und Freunden nachstellst.«

*139

Der Esel hatte sich ein Löwenfell an die Hüften gebunden
und glaubte, dass er für alle Menschen furchterregend sei.
Er hüpfte und sprang herum, als aber das Fell vom Rücken
herabglitt, wurde er als Esel entlarvt.

καί τις πρὸς αὐτὸν εἶπε τῷ ξ⟨ύλῳ παίων⟩·
"⟨ὄνος⟩ πεφυκὼς ⟨μὴ λέοντα μιμήσῃ⟩."

*140

Χειμῶνος ὥρῃ σῖτον ἐκ μυχοῦ σύρων
ἔψυχε μύρμηξ, ὃν θέρους σεσωρεύκει.
τέττιξ δὲ τοῦτον ἱκέτευε λιμώττων
δοῦναί τι καὐτῷ τῆς τροφῆς, ὅπως ζήσῃ.
"τί οὖν ἐποίεις" φησί "τῷ θέρει τούτῳ;"
"οὐκ ἐσχόλαζον, ἀλλὰ διετέλουν ᾄδων."
γελάσας δ᾽ ὁ μύρμηξ τόν τε πυρὸν ἐγκλείων
"χειμῶνος ὀρχοῦ" φησίν, "εἰ θέρους ᾄδεις."

*141

Ὄνος τις οὐκ εὔμοιρος ἀλλὰ δυσδαίμων
Γάλλοις ἀγύρταις εἰς τὸ κοινὸν ἐπράθη
ὅστις φέρῃ πτωχοῖσι καὶ πανουργοῦσιν
πείνης ἄκος δίψης τε καὶ τὰ τῆς τέχνης.
οὗτοι δὲ κύκλῳ πᾶσαν ἐξ ἔθους κώμην
περιιόντες ἔλεγον ⟨ᾖα⟩· τίς γὰρ ἀγροίκων
οὐκ οἶδεν Ἄττιν λευκὸν ὡς ἐπηρώθη;
τίς οὐκ ἀπαρχὰς ὀσπρίων τε καὶ σίτων
ἁγνῷ φέρων δίδωσι τυμπάνῳ Ῥείης; …

*142

Φηγοὶ Διός ποτ᾽ εἰς πρόσωπον ἐλθοῦσαι
τοιῶνδε μύθων μεμψίμων †κατήρξαντο†

Und jemand sagte zu ihm, wobei er ihn mit einem Holzstock schlug:
»Da du als Esel geboren bist, imitiere nicht einen Löwen!«

*140

Im Winter schleppte eine Ameise Korn aus ihrem Loch,
das sie im Sommer aufgehäuft hatte, um es kalt werden zu lassen.
Die Grille, die Hunger hatte, flehte sie an,
auch ihr etwas von der Nahrung zu geben, damit sie am Leben bleibe.
»Was hast du denn«, sagte die, »in diesem Sommer getan?«
»Ich war nicht untätig, sondern sang fortwährend.«
Da lachte die Ameise, schloss das Korn ein und sagte:
»Im Winter tanze, wenn du im Sommer singst.«

*141

Ein Esel, nicht vom Schicksal begünstigt, sondern benachteiligt,
wurde bettelnden Galloi zum gemeinsamen Gebrauch verkauft,
der den Bettlern und Gaunern das trug,
was ihnen gegen Hunger und Durst und bei ihren Tricks half.
Die nun durchzogen nach ihrer Gewohnheit alle Dörfer im Umkreis
und sammelten Lebensmittel: Denn wer von den Bauern
weiß nicht von dem weißhäutigen Attis, wie er sich verstümmelt hat?
Wer bringt nicht Erstlingsgaben von Hülsenfrüchten und Getreide
dem heiligen Tympanon der Rheia? …

*142

Die Eichen kamen einmal vor das Angesicht des Zeus
und begannen mit folgenden vorwurfsvollen Worten:

"ὦ Ζεῦ γενάρχα καὶ πατὴρ φυτῶν πάντων,
εἰ κοπτόμεσθα πρὸς τί κἀξέφυς ἧμας;"
πρὸς ταῦτα δ' ὁ Ζεὺς μειδιῶν ἔλεξ' οὕτως·
"αὐταὶ καθ' αὐτῶν εὐπορεῖτε τὴν τέχνην·
εἰ μὴ γὰρ ὑμεῖς στελεὰ πάντα †τίκτοιτε,
οὐκ ἂν γεωργὸς πέλεκυν ἐν δόμοις †εἶχεν."

*143

Ὄφιν γεωργὸς ἐκπνέοντα τῷ ψύχει
λαβὼν ἔθαλπεν· ὡς δ' ἐκεῖνος ἡπλώθη,
τῇ χειρὶ προσφὺς καὶ δακὼν ἀνιήτως,
ἔκτεινε τὸν σώσαντα †πικροῦ θανάτου†.
θνῄσκων δὲ μῦθον εἶπεν ἄξιον μνήμης·
"δίκαια πάσχω τὸν πονηρὸν οἰκτείρας."

*144

Τίκτει παραυτά (τοῦ κυεῖν γὰρ ἦν ὥρη)
ἵππος φέρουσα δεσπότην νέον νώτοις.
ὁ δ' οὔτι μείνας, πρὶν τὸ πνεῦμα συλλέξαι,
ἤλαυνεν ἀγρίῃ βαρβάρῳ τινὶ γνώμῃ
* * *
"μὴ σπεῦδε †μέγα μὴ δὲ κάλλιον† με συλλήψῃ
ὑπερφρονήσας †ὁδ' ἄρων† ἐν νώτοις
ἐμῆς τεκούσης κοῦφον ἄχθος †υἱός†
†καὐτὸς δέ σοι τοῦ δ' ἂν γένομεν μικρὸν αὔξησο
τροφίας δόσω κὰν τῆς μητρὸς ὕρωσε†

»O Zeus, Schöpfer und Vater aller Pflanzen,
wenn wir abgehauen werden, wozu hast du uns erschaffen?«
Darüber lächelte Zeus und sprach so:
»Ihr selber liefert das Mittel gegen euch selbst.
Denn wenn ihr nicht alle Stiele hervorbrächtet,
hätte der Bauer kein Beil im Haus.«

*143

Eine Schlange, die dabei war, vor Kälte ihre Seele auszuhauchen,
nahm ein Bauer auf und wärmte sie. Aber als sie sich ausgestreckt hatte,
klammerte sie sich an die Hand, biss ihn unheilbar
und tötete ihren Retter durch einen bitteren Tod.
Im Sterben nun sprach er Worte, die der Erinnerung wert sind:
»Ich erleide, was recht ist, weil ich Mitleid mit der Boshaften hatte.«

*144

Es gebiert geradewegs – es war nämlich zu der Zeit trächtig –
ein Pferd, das einen jungen Herrn auf dem Rücken trägt.
Weil er aber nicht wartete, bis es Atem geschöpft hatte,
und es antrieb mit einem wilden, barbarischen Spruch

* * *

»Eile nicht so sehr … aber nicht besser … mich mit sich nimmt …
aus Verachtung … wer aber erhebend auf den Rücken …
meiner Gebärerin leichte Last … Sohn …
… auch ich selbst aber dir … ich dürfte klein sein … lass mich wachsen.
Nahrung werde ich geben auch in der Mutter?

ANHANG

ZUM GRIECHISCHEN TEXT DIESER AUSGABE

Grundlage für den griechischen Text ist die textkritische Edition in der Bibliotheca Teubneriana: Babrii Mythiambi Aesopei. Ediderunt Maria Jagoda Luzzatto et Antonius La Penna, Leipzig 1986 (jetzt bei De Gruyter, Berlin/Boston). Die nachstehende Liste verzeichnet die Abweichungen des vorliegenden Textes von Luzzatto/La Penna; soweit die von mir vorgezogenen Lesarten in ihrem textkritischen Apparat aufgeführt sind, zitiere ich sie ohne Nachweis, nenne also bei alternativen Lesarten bzw. Konjekturen nur dann die Handschriftensigle bzw. den Namen des Textkritikers, wenn die Teubneriana sie bzw. ihn nicht anführt. Die Fabeln, die nicht im Athous stehen und sich somit nicht der richtigen Stelle in Buch 2 zuordnen lassen, sind mit * gekennzeichnet.

Was die in den Handschriften überlieferten Epimythien betrifft (s. Einführung S. 13 ff.), halte ich 34 von ihnen mit mehreren Herausgebern für spätere Zusätze zum Babrios-Text und habe sie deshalb in die vorliegende Ausgabe nicht aufgenommen; es sind die Verse 9,11–13; 10,13 f.; 12,25–28; 13,13 f.; 21,11 f.; 22,13 f.; 29,5 f.; 33,25; 34,12–14; 37,13; 38,8–10; 40,5 f.; 47,15 f.; 50,19 f.; 56,8 f.; 59,16–18; 60,5 f.; 71,11 f.; 72,23 f.; 79,7 f.; 81,5 f.; 82,9–11; 83,5–7; 84,7 f.; 85,19 f.; 87,6 f.; 96,5 f.; 98,21 f.; 103,20 f.; 107,17–19; 111,21; 116,15 f.; 119,11–14; 126,8 f. Die von mir abgedruckten Epimythia könnten textkritischer Argumentation zufolge von Babrios stammen, ich habe aber in den Erläuterungen jeweils eine Bemerkung dazu gemacht, die neue Überlegungen zur ›Echtheit‹ anregen sollen.

	Luzzatto/La Penna	diese Ausgabe
Prol. I,5	†καὶ γένος χεῖρον†	χείρονος γέννης
Prol. I,14	μάθοις ἂν οὕτω	μάθων δ' ἄρ'
Prol. I,15	†ἡμῶν† γέροντος	γέροντος ἧμιν
Prol. I,16	οὐκ	τῆς
3,1	κλείσων	κλείζων
3,2	s. die Erläuterung z. St.	
3,5	κατέαξε τὸ κέρας	τὸ κέρας κατῆξε
3,11	κέκραγε τὸ κέρας	τὸ κέρας κέκραγε
5,4	ἐκρύπτετ'	ἔκυπτ'
5,8	ἄλλος	ἀδεῶς
7,7	μή μ' ἐνοχλήσῃς.	μηδ' ἐνοχλήσεις; (Ahrens)

8,4	ἀπεκλείσθη.	ἀπεκλείσθη; (Vaio)
12,7	φιλτάτη ζῴων	φιλτάτη, ζώεις
12,9	ἐπεί τις ἡμᾶς	ἀεί τις ἥμας
12,10	αἵ παρθένοι γ' οὐ	καὶ παρθένοι γὰρ
12,11 f.	[ἀλλ' … κατοικήσεις,]	ἀλλ' … κατοικήσεις,
12,14 f.	s. die Erläuterung z. St.	
12,16	νυκτὸς	νῶτον
12,17	θάλπει, … τήκει;	θάλπει; … τήκει. (Lachmann)
	ἀγρίην	ἀγρότιν (Dübner)
16,3	ὁ λύκος	λύκος
16,8	σύνοικος	σύνευνος
16,9	ὥσπερ	ὡς πρὶν
17,6	οὗτος, εἶχεν	ζῶντος εἶχεν
18,3	σίσυρναν	σίσυραν
18,13	σισύραν ⟨ἐξ⟩εγυμνώθη	τὴν σίσυραν ἐγυμνώθη
20,3	δέον βοηθεῖν, αὐτὸς ἀργὸς	δέον βοηθεῖν αὐτόν, ἀργὸς
21,5	πολλά γ' ἦν	πολλὰ γῆν
22,2	πρεσβύτης,	πρεσβύτης – (Rutherford)
22,3	χαίτας –	χαίτας, (Rutherford)
22,4	ἔτ' εἰς	ἔτι ⟨δ'⟩ εἰς (Vaio)
22,11	ἡ νέη τε χὴ γραίη	ἀντέδωκαν ἀλλήλαις
22,12	ἔθηκαν ⟨αὐτὸν κ⟩ἀντέδωκαν ἀλλήλαις	τούτων ἑκάστη τῶν τριχῶν ἀποσπῶσα
23,11	ἐκφορουμένους	ἐκφορουμένης
28,4	μῆτερ	μήτηρ (A, V, Vaio)
29,4	ἀλφιτεῦσι	ἀλφίτοισι
30,7	†ὁ δὲ λιθουργὸς εἶδεν†	ὁ δὲ λιθουργὸς εἶδεν
30,9	εἶδεν	"εἶεν"
30,10	εἶτ' ἄρ	ἕνα γάρ
31,12	θαρσήσας,	θαρσήσας· (Vaio)
36,5	ἐλαφρὸς	ἐλαφρὸν
36,7	κἀβληχρὸς	καὶ βληχρὸς
39,3	πολιτείαις	πολιτείῃ (Vaio)
39,4	στάσει	στάσιν
42,8	ποῖ ἂν ἀναλύοιμι	ποίην ἀναλύειν με
	γινώσκω.	γινώσκω;
45,3	ἄκρῃ	ἄκρα (Schneidewin)
46,7	⟨ – ◡ – ◡ – – – ⟩	τοῦ νοσοῦντος ἀμνήμων
48,6	μου	μοι

48,7	μηδ᾽ ἐμοὶ	μηδέ μοι
52,5	παγκακίστη	παγκάκιστον
52,8	πονούντων αὐτὸς ὥσπερ εἰ κάμνοι	πονούντων, αὐτὸς ὡσπερεὶ κάμνων
53,8	μηδ᾽ ἐμοὶ πάλιν συναντήσαις	μὴ δὴ πάλιν ἐμοὶ συναντήσῃς (Vaio)
56,3	οὐ	ὡς
59,10	ἔτυψε	ἔτυπτε
59,12	βλέποι τις τὸν	βλέποιτο τῷ
59,14	γεγονέν᾽, ὡς	γεγονέναι
59,15	συνεξαμείβοι	συνεξαμείβειν
63,7	οὐδ⟨ὲν⟩ ἄν	οὐδ᾽ ἂν ⟨ἕν⟩ (Ahrens)
64,4	σύνοικος	σύσκηνος
64,5	μελάθρων εἰμὶ	νηῶν εἰμι
64,6/7	s. die Erläuterung z. St.	
64,9	κοπτόντων	τεμνόντων
64,10	πελύκων	πελέκεων
	τεμνόντων	κοπτόντων
67,5	πρῶτος	πρώτην
68,1	ἔλεγ᾽ ὁ	ἔλεγε
68,5	χρυσέην τε κυκλώσας	τὸ τόξον ἐκκυκλώσας
68,6	s. Erläuterung z. St.	
68,9	παῖ,	παῖ; (Vaio)
70,2	παρῆν ἐφ᾽ ἅπασι Πόλεμος ἐσχάτῳ	ἐφ᾽ ἅπασι Πόλεμος ἐσχάτῳ παρῆν
70,6	μὴ γοῦν	μήτ᾽ οὖν
72,21	ἔφεδρος	ἔφηβος
75,4	s. die Erläuterung z. St.	
75,6	οὐ σὲ πλανήσω	οὐκ ἐξαπατῶ σε
	ἐνεδρεύσω	ἐνεδρεύω
75,11	“χαῖρ᾽” ἔφη συναντήσας	“χαῖρε” φησὶν ἀντήσας (Vaio)
75,16a	s. die Erläuterung z. St.	
78,1	ἔλεγε	εἶπε
78,4	ἡ δ᾽ εἶπε· “τέκνον, τίς σε	“καὶ τίς σε, τέκνον” φησί
80,4	γ᾽ ἐν	κἀν
82,8	†κακὴν … τῆς ὁδοῦ τρίβει.†	κακὴν … τὴν ὁδὸν τρίβειν.
85,5	προάξῃ	προάξει
	ἐνεδρεύων	⟨δ᾽⟩ ἐνεδρεύσει
87,3	μεταστραφεὶς τ᾽	μεταστραφέντ᾽ (A, Vaio)
88,8	τις ⟨δὲ⟩	τις

88,16	δ' ἔταξε	δέ φησι
91,4	ἐμβάντα ταῦρον	τὸν ταῦρον ἐμβὰς
95,61	s. die Erläuterung z. St.	
97,5	θύραις λεοντείοις	θύρας λεοντείους
99,3	ἀλλ' ἐνέχυρον ⟨οὖν⟩	ἀλλ⟨ά γ'⟩ ἐνέχυρον
99,4	τὠκυπτερόν	τὠκυπτέρω
102,3	πρηὺς	πρᾶος
103,17	ἦν δ' ἄπειμι,	ἤν, ἄπειμι· (Vaio)
105,6	ἐδωρήθη.	ἐδωρήθη; (Vaio)
106,16	ἔφερεν οὐκ ἴσην μοῖραν	ἔφερε μοῖραν οὐκ ἴσην
107,12	s. die Erläuterung z. St.	
118,2	ἦρος	ἔαρος
123,5	⟨οὖσαν. ἀθρόως δ' ἕξειν⟩	⟨καὶ τὰ πάντα σαρκώδη⟩ (Vaio)
123,6	μέγιστον ὄγκον	ἄθρουν δὲ πλοῦτον (Vaio)
126,2	⟨ – ⏑ – ⏑ – – – ⟩	†τὴν Ἀλήθειαν μόνην†
126,6	ἐν τοῖς παλαιοῖς	⟨τὸ μὲν παλαιὸν⟩ (Vaio)
126,7	ἅπαντας ἐξελήλυθ' ἀνθρώπους	βροτοὺς ἅπαντας †ἐλήλυθε ψεῦδος†
127,1	*** ⟨ἐν⟩ […] ἁμαρτίας†	†Ὁ Ζεὺς […] γράφειν† (Vaio)
127,2	ἐκέλευσεν ὁ Ζεὺς †εἰς κιβωτὸν ταύτας†	ὥριζε κεἰς κιβωτὸν αὐτὰ (Vaio)
127,3	⟨ × – ⏑ – × – ⏑ – ⟩	⟨ × – ⏑ – × – ⏑ ⟩ ὡς
127,4	⟨ὅπως⟩	⟨ × – ⟩ (Vaio)
128,11	μέσοις ἐπωλεύμην	μέσοισι πωλεύμην
129,19	†ὡς εἶδον†	ὡς ⟨τὸν ἄνδρ'⟩ εἶδον
129,20	⟨ – × – ⏑ – ⏑ – – – ⟩	⟨αὐτὸν ἐξ ὄνου γνάθων ὄντως⟩
134,4	δὲ μέλε'	μέρεα δ'
	†οὐχ ἡγήσει†	οὐχὶ σιγήσῃ;
141,1 f.	s. die Erläuterung z. St.	
142,1	Ζηνός ποτ' αἱ δρῦς	Φηγοὶ Διός ποτ'
142,2	†μεμψημῶν κατήρξαντο†·	μεμψίμων †κατήρξαντο† (Vaio)
142,7	ὑμῖν στέλεα πάντ' ἐγεννήθη	ὑμεῖς στέλεα πάντα †τίκτοιτε (Vaio)
142,8	εἶχεν	†εἶχεν (Crusius)
143,1	Ἔχιν	Ὄφιν
144,1 f.	s. die Erläuterung z. St.	

ERLÄUTERUNGEN

Im Folgenden wird nur erläutert, was dem unmittelbaren Textverständnis dient. Ergänzend tritt das Verzeichnis der Namen und Begriffe hinzu (S. 223).

Zu jeder Fabel werden, soweit vorhanden, die thematisch verwandten Versionen anderer antiker sowie (in Auswahl) mittelalterlicher und neuzeitlicher Autoren genannt. Ein ausführliches Verzeichnis bietet G.-J. van Dijk, *Aesopica Posteriora.* Medieval and Modern Versions of Greek and Latin Fables. 2 Bde. Milano 2015; die von ihm für die Fabeln gewählten Nummern sind jeweils in eckigen Klammern angegeben.

A — Codex Athous (London, British Library, Addit. 22087).

Adem. — Fabeln des lateinischen (Pseudo-)Äsop in der Leidener Handschrift Cod. Voss. lat. 8° no. 15, die nach ihrem Redaktor Ademar-Kodex genannt wird (Ausgabe mit italienischer Übersetzung: F. Bertini/P. Gatti: Ademaro di Chavannes. Favole. Genova 1988).

Aes. — Griechischer (Pseudo-)Äsop nach der Zählung von B.E. Perry (Aesopica. Illinois 1952 = New York 2007) mit derjenigen von CFA in Klammern, da J. Irmscher (Sämtliche Fabeln der Antike. Berlin/Weimar 1978 = Köln 2011) diese Zählung gewählt hat; R. Nickel (Äsop. Fabeln. Griechisch-deutsch. Düsseldorf/Zürich 2005 [Sammlung Tusculum]), T. Voskuhl (Äsop. Fabeln. Griechisch/Deutsch. Stuttgart 2005 [Reclams Universal-Bibliothek 18297]) und N. Holzberg (Fabeln des Äsop. München 2008 [dtv 34522]) zählen nach Perry.

Aphth. — 40 Fabeln des Rhetors Aphthonios, nur auf Griechisch abgedruckt in CFA I 2, 133–151.

Avian — Avian (Übersetzung in Irmscher 1978, s. Aes.).

CFA — A. Hausrath, Corpus Fabularum Aesopicarum I: Fabulae Aesopicae soluta oratione conscriptae. Leipzig ^{2}1970 = Fasc. 1 und ^{2}1959 = Fasc. 2 curavit H. Hunger (Bibliotheca Teubneriana).

G — Codex Novoeboracensis (New York, Pierpont Morgan Library Nr. 397, vormals in Grottaferrata).

La Fontaine — Jean de La Fontaine, *Fables* (1668); Ausgabe: Sämtliche Fabeln. Französisch und Deutsch. Aus dem Französischen von E. Dohm und G. Fabricius. Düsseldorf 2002.

Liban. Libanios, Progymnasmata: Fabel 1–3 nur auf Griechisch abgedruckt in CFA I 2, 130–132.

Π_1 Pap. Oxy. X 1249.

Π_2 Tabulae ceratae Assendelftianae, Bibl. Rijksuniversiteit Leiden.

Π_3 Pap. Amherst II 26 (New York, Pierpont Morgan Library).

Π_4 Pap. Bouriant 1 (= Paris, P. Sorbonne inv. 826).

ParaBodl Paraphrasis Bodleiana (Oxford, Bodleianus Auct. F 4.7), nur auf Griechisch abgedruckt in der Ausgabe von P. Knöll (s. S. 222), mit französischer Übersetzung, aber in anderer Zählung (hier in Klammern angegeben) und nicht vollständig in E. Chambry (Hg.): Ésope. Fables. Texte établi et traduit. Paris 1927 (Collection Budé).

Phaedr. Phaedrus; Text und Übersetzung in: Phaedrus. Fabeln. Unter Mitarbeit von S. Seibold hg. und übers. von N. Holzberg. Berlin/Boston 2018 (Sammlung Tusculum).

Ps.-Dosith. 16 Fabeln in Ps.-Dositheos, *Hermeneumata* (Auslegungen), nur auf Griechisch abgedruckt in CFA I 2, 120–129.

Rhet. Branc. 3 Fabeln des Rhetor Brancatianus, nur auf Griechisch abgedruckt in CFA I 2, 184 f.

Romul. Fabeln des lateinischen (Pseudo-)Äsop in der Sammlung des (Pseudo-)Romulus nach der Zählung in: G. Thiele (Hg.): Der Lateinische Äsop des Romulus und die Prosa-Fassungen des Phädrus. Heidelberg 1910; Nachdruck Hildesheim usw. 1985.

Sachs Hans Sachs, Fabeln; Ausgaben: 1. KG = A. v. Keller/E. Goetze (Hgg.): Hans Sachs. 26 Bde. Tübingen 1870–1908 = Hildesheim 1964; 2. GD = E. Goetze/K. Drescher (Hgg.): Hans Sachs. Sämtliche Fabeln und Schwänke. 6 Bde. Halle 1893–1912.

Synt. Fabeln des Syntipas, nur auf Griechisch abgedruckt in CFA I 2, 155–183.

Tetr. Tetrasticha (Vierzeiler) des Ignatios Diakonos und anderer in zwei Teilen in der Babrios-Ausgabe von O. Crusius (s. S. 219); nur die 57 Fabeln aus Teil I sind übersetzt in Irmscher 1978, 437–451 (s. Aes.).

Theophyl. Theophylaktos Simokatta, *Briefe*, darin Fabel 1 und 2, nur auf Griechisch abgedruckt in CFA I 2, 153 f.

V Vaticanus Graecus 777.

van Dijk siehe Vorbemerkung.

Buch 1

Titel Die Überschrift des ersten von zwei Büchern (s. Einführung S. 10) ist nicht überliefert, dürfte aber so gelautet haben, wie hier rekonstruiert ist.

Prolog 2 *das goldene:* In vv. 1–5 wird auf den Mythos von den Weltzeitaltern Bezug genommen, dabei aber die Abfolge bei Hesiod (*Werke und Tage* 109–200), unserem ältesten Gewährsmann, von fünf Zeitaltern auf vier verkürzt; vier sind es auch in der bekanntesten Version des Mythos, Ovid, *Metamorphosen* 1,89–150, an die der Babrios-Text stellenweise anklingt. In Π_4, einer Schulübung, erscheinen nur das Goldene, Silberne und Eiserne Zeitalter; ich halte es mit Luzzatto für wahrscheinlich, dass der Lehrer oder der Schüler kürzte, und glaube deshalb, dass der (in der Handschrift schwer lesbare) Text in A das Original wiedergibt, wenn auch mit Schreibversehen.

9 *der Felsen …:* In Π_4 spricht statt des Felsens die Fichte, statt des Grüns der Fichte das des Lorbeerbaums, und der »erste« Fisch unterhält sich mit dem »lieben« Seemann. Auch diese ›Alternativen‹ halte ich nicht für ursprünglich, sondern den in A überlieferten Text, und das sowohl aus stilistischen Gründen (Alliterationen, Anapher) als auch deshalb, weil ein sprechender Felsen und ein sprechendes Schiff – beide können das Produkt der Metamorphose eines Lebewesens sein – bestens in Babrios' ›Paradies‹ passen: Mit dem traditionellen Motiv des von Seefahrt freien Goldenen Zeitalters wird hier noch amüsanter gespielt als in Π_4.

16 *in der freien Muse:* D.h. in der nicht durch ein Metrum gebundenen fiktionalen Prosa, in der ›aisopische‹ Fabeln in den Promptuarien (s. S. 14) standen – ein solches dürfte Babrios benutzt haben – und in der Augustana-Sammlung (s. S. 27) überliefert sind. Da Aisopos (Äsop) Sklave gewesen sein soll, der wegen besonderer Verdienste freigelassen wurde, könnte Babrios mit »frei« auch darauf anspielen.

17 *Blüten meiner Erinnerung:* Er hat die aisopischen Prosafabeln, an die sich sein poetisches Gedächtnis erinnert, ausgeschmückt, d.h. er erzählt sie literarisch anspruchsvoller; mit der »Erinnerung« ist dabei vermutlich auch die Fähigkeit zum Evozieren von Intertexten gemeint; vgl. die Einführung S. 17.

18 *honigtriefende Wabe:* Traditioneller Vergleich der Tätigkeit eines Dichters mit derjenigen der Blütenstaub sammelnden und Honig herstellenden Biene.

19 *die harten Füße der bitteren Iamben weich gemacht:* Die Füße sind die Versfüße, Iamben (s. Einführung S. 17) insofern »bitter«, als die in diesem Metrum verfassten Gedichte Schmähung und Spott enthalten, und das wird Babrios, wie er hier behauptet (vgl. aber Einführung S. 18), entschärfen. Gleichzeitig verheißt er mit θηλύνειν (weich, geschmeidig machen) ›Glättung‹ der »harten« Versfüße wie Phaedrus in 1 Prolog 2, womit er offenbar wie dieser das kunsthandwerkliche Feilen an der Form meint. »Weich gemacht« erscheint der Choliambus bei Babrios (s. Einf. S. 26) auch oft dadurch, dass das in der Regel ›harte‹ Versende – ⏑ durch – – ersetzt ist (vgl. Luzzatto 1985 [s. S. 221], 108 ff.).

1 Avian 17; Tetr. 1,20; CFA 281; ParaBodl 11 (338); Sachs GD 3, Nr. 200. [van Dijk 55]
1 *Der Mensch:* In Babrios' z. T. an das Epos anklingendem Erzählstil kann auch ohne den bestimmten Artikel ›der‹, ›die‹ oder ›das‹ gemeint sein, besonders am Anfang einer Fabel. Zum Kontrast dieser Fabel mit dem Prolog vgl. Einführung S. 18.

2 Vgl. van Dijk 846.
11 *tausend … Raubs:* D. h. tausend ⟨Drachmen⟩ werde als Belohnung bekommen, wer den Raub anzeige.

3 Phaedr. App. 24; Aphth. 5; Tetr. 1,35; 2,26; ParaBodl 4 (15). [van Dijk 1038]
2: Der Vers ist in die vorliegende Ausgabe nicht aufgenommen, weil ich ihn mit Vaio (s. S. 219), 19 als späteren Zusatz betrachte.

4 ParaBodl 8 (25). [van Dijk 888]
6 *Es ist … sehen:* Das Epimythion folgt auf eine Narration ohne wörtliche Rede am Ende und knüpft an den Gegensatz ›groß/klein‹ an, wobei allerdings das vermutlich metapoetisch konnotierte λεπτός (fein, zierlich) durch μικρόν (klein) ersetzt ist.

5 Aphth. 12; Tetr. 2,19; CFA 266; Synt. 7; ParaBodl 7; La Fontaine 7,13. [van Dijk 816]
10 *Mensch … ergeht:* Das in A und G überlieferte Epimythion folgt auf eine Narration ohne wörtliche Rede am Ende und knüpft mit Ἄνθρωπε (10) an ἀνθρώποις (2), vielleicht auch mit ἔσωσε (12) an Σωτηρίη in 4,6 an.

6 Aes. 18 (18); Avian 20; Sachs GD 3, Nr. 210 und GD 6, Nr. 961; La Fontaine 5,3. [van Dijk 36]

7 Aes. 181 (192); Plutarch, *Gesundheitsvorschriften* 137 D; CFA 286; ParaBodl 12; Adem. 34 (= Rom. 41 Thiele). [van Dijk 136]

8 Vgl. van Dijk 107.
4 *Der gerade Weg:* ›Witz‹ hat die Antwort des Kamels nur, wenn es die Frage seines Herrn so auslegt, als sei sie erotisch konnotiert. Es versteht dann »aufsteigen« als ›Besteigen‹ des Arabers und entsprechend »nach unten gehen« als von ihm ›Bestiegenwerden‹ und fragt folglich, ob diesem der »gerade« Weg, d. h. ›normaler‹ Sex mit dem anderen Geschlecht nicht möglich sei (vgl. Giangrande 1982 [s. S. 221]). Man mag an die (mir nur mündlich ›überlieferte‹) Geschichte von dem Neuen in der Fremdenlegion denken, der, auf seine Frage, wie man das Problem hier mit dem Sex löse, an ein Kamel verwiesen wird. *Post actum* ganz zerschunden, bekommt er auf die weitere Frage, wie es die anderen mit dem Kamel machten, zur Antwort: »Darauf reiten wir nach Kairo ins Bordell.«

9 Aes. 11 (11); Herodot 1,141; Aphth. 33. [van Dijk 887]

10 Tetr. 1,10; ParaBodl 6 (18). [van Dijk 93]
7 *Fackeln:* Das Entzünden dieser Symbole erotischer Leidenschaft soll offenbar symbolisieren, dass die Sklavin sich von der Göttin die Erhaltung der ›Flamme‹ ihres Herrn wünscht.

11 Aphth. 38; ParaBodl 9 (58); vgl. *Altes Testament, Richter* 15,4 f.; Ovid, *Fasti* 4,681–712. [van Dijk 844]
10 *Man … bringt:* Das auf eine Narration ohne wörtliche Rede am Ende folgende Epimythion fehlt in G, erscheint aber in der Schulübung Π_3 in lateinischer Übersetzung. Ein Wortbezug zur Narration fehlt, vgl. aber 18,15.

12 ParaBodl 2 (9); La Fontaine 3,15. [van Dijk 1373]
4 *aus der Jugendzeit vertrieben:* D. h. in jungen Jahren ermordet (zu 12,8).
8 *seit Thrakien:* D. h. »seit all dem, was in Thrakien Schreckliches geschehen ist«; dort wurde Philomela, jetzt die Nachtigall, vergewaltigt, und Prokne, jetzt die Schwalbe, setzte Tereus seinen Sohn Itys zum Mahl vor.
10 *auch als junge Frauen:* Prokne dürfte einfach die Zeit meinen, in der sie nach ihrer Hochzeit mit Tereus in Thrakien und Philomela in Athen lebte.
14 f.: Die Verse sind in die vorliegende Ausgabe nicht aufgenommen, weil ich sie mit Vaio (s. S. 219), 31 als späteren Zusatz betrachte.

17 *All das reibt eine Landbewohnerin auf:* D. h. »Keine Landbewohnerin hält das alles aus, warum also du?«
18 » … *zeige dich!*«: D. h. »Versteck dein Talent nicht im Wald!«
22 *Seit Athen:* zu v. 8; hier spielt sie darauf an, dass sie in Athen mit Tereus vermählt wurde und er von dort ihre Schwester holte, die er dann vergewaltigte.

13 Aes. 194 (208); Aphth. 14; Tetr. 1,2; ParaBodl 14. [van Dijk 303]
8 *Ich füttere meinen Vater:* Zum Storch als Ernährer seiner Eltern vgl. Plinius, *Naturgeschichte* 10,32,63.

14 ParaBodl 13 (63). [van Dijk 256]
5 *Wer … beweinen:* Das Epimythion ist an ein Tetrastichon (s. S. 32) angefügt und wirkt trotz des (chiastischen!) Wortbezuges νεκρὸν (2) – ζῶντος (4) / ζῶντα (5) – νεκρόν (5) eher wie ein späterer Zusatz, da es nicht nur auf wörtliche Rede, sondern auch auf eine epigrammatische Pointe folgt.

15 ParaBodl 10 (44). [van Dijk 207]
5 *Sohn der Alkmene:* Herakles.
8 *ein göttliches Schicksal erlost:* D. h. er lebte wie ein Gott.
9 *das eines Sklaven:* Herakles verrichtete im Dienst des mykenischen Königs Eurystheus seine zwölf Arbeiten.
12 *mit ungehobeltem Witz:* Die Böotier galten als unkultiviert und tölpelhaft, die Athener dagegen als redegewandt.

16 Aes. 158 (163); Aphth. 39; Avian 1; ParaBodl 1; Sachs GD 3, Nr. 227, GD 5, Nr. 710 und KG 17, S. 465–468 (= GD 2, Nr. 301); La Fontaine 4,16. [van Dijk 405]

17 Aes. 79 (81); Phaedr. 4,2. [van Dijk 507]

18 Aes. 46 (46); Sophokles, Fragment 4 West; Demetrios von Phaleron, Fragment 120 Wehrli; Plutarch, *Ehevorschriften* 139 D; Athenaios 13,82, 604 D–F; Themistios, Reden 16, 208 A; Avian 4; Tetr. 1,47; Synt. 55; ParaBodl 17; La Fontaine 6,3. [van Dijk 392]
14 *So … Gewalt:* Das Epimythion schließt an eine Rangstreitfabel an; vgl. 36,13 f., 64,12 f. und 65,7 f.

19 Aes. 15 (15); Phaedr. 4,3; Tetr. 1,23; ParaBodl 18; La Fontaine 3,11. [van Dijk 944]

20 Avian 32; La Fontaine 6,18. [van Dijk 588]

21 Vgl. van Dijk 454.

22 Aes. 31 (31); Diodor 33,7,6; Phaedr. 2,2; Tetr. 1,54; ParaBodl 15; La Fontaine 1,17. [van Dijk 1133]

23 Aes. 49 (49); Synt. 12; ParaBodl 16; La Fontaine 6,1. [van Dijk 466]
4 *denen ringsum:* Offenbar den anderen ländlichen Gottheiten.
9 *Es … Kummers:* Das Epimythion folgt auf eine Narration ohne wörtliche Rede am Ende. Es fehlt ein Wortbezug, und die Pointe des Rückbezugs von εἰ φύγοι γε τὸν κλέπτην (8) auf εἰ λάβοι γε τὸν κλέπτην (5) kommt weniger gut zur Geltung.

24 Phaedr. 1,6; Tetr. 1,12; ParaBodl 21 (127); La Fontaine 6,12. [van Dijk 1028]
9 *Viele … werden:* Das Epimythion folgt auf wörtliche Rede und die Ringkomposition Γάμοι (1) / γήμας (7). Ein Wortbezug zur Narration fehlt; vgl. aber λύπης (5) / χαρὰν (10).

25 Aes. 138 (143); Aphth. 23; Romul. 35; Tetr. 1,44; ParaBodl 101; La Fontaine 2,14. [van Dijk 1029]

26 Vgl. van Dijk 599.

27 Phaedr. 1,22. [van Dijk 1267]

28 Horaz, *Satiren* 2,3,314–320; Phaedr. 1,24; Tetr. 1,42. [van Dijk 544]

29 Phaedr. App. 21; Aphth. 13; ParaBodl 22 (138). [van Dijk 1380]
3 *Von welchen Rennen …:* Das Pferd vergleicht sarkastisch den Ruhm seiner Siege bei Wagenrennen mit der Schande, dass es jetzt Gerste mahlen hilft.

30 Avian 23. [van Dijk 1045]
8 *in den Toren der Träume:* Diese kommen laut Vergil, *Aeneis* 6,893–896, aus der Unterwelt, wahre durch ein Tor aus Horn, falsche durch eines aus Elfenbein.

31 Aes. 165 (174); Phaedr. 4,6; Ps.-Dosith. 3; Synt. 51; ParaBodl 20. [van Dijk 1329]

22 *Die Fabel … Prunk:* Das Epimythion folgt auf eine Narration ohne wörtliche Rede am Ende, allerdings auf eine geradezu ›epische‹, und enthält eine von Babrios sonst kaum gebrauchte, eher für Epimythien in Prosa verwendete Formel (vgl. aber 18,15 und 36,13).

32 Aes. 50 (50); Tetr. 1,39; ParaBodl 19; La Fontaine 2,18. [van Dijk 95]
6 *wollte er sie heiraten:* Da γαμεῖν spätestens in der Kaiserzeit auch schon (wie heute nur noch) »ficken« bedeutet, assoziiert man bei Babrios, der Obszönität durchaus nicht meidet (zu 8), zunächst dies und ist überrascht, dass dann wirklich eine Hochzeit stattfindet.

33 Vgl. van Dijk 858.

34 Aes. 47 (47); Plutarch, *Über das Geldleihen* 831 C; Tetr. 1,28. [van Dijk 407]

35 Aes. 218 (243); Oppian, *Über die Jagd* 2,605–611; Avian 35; ParaBodl 30. [van Dijk 939]
7 *So … Freund:* Das auf ›zoologische‹ Ausführungen folgende Epimythion ist in A und G überliefert, aber ohne Wortbezug zum Haupttext.

36 Aes. 70 (71); Lukian, *Anthologia Graeca* 10,122,5 f.; Aphth. 36; Avian 16; Tetr. 1,45; ParaBodl 29; La Fontaine 1,22. [van Dijk 1376]
13 *So … soll:* Das Epimythion folgt auf eine Narration, die an eine Rangstreitfabel erinnert; vgl. 18,14–16, 64,12 f. und 65,7 f.

37 Avian 36; ParaBodl 24. [van Dijk 468]

38 CFA 262; ParaBodl 28 (100). [van Dijk 1375]

39 Aes. 62 (73). [van Dijk 765]

40 ParaBodl 25 (144). [van Dijk 474]

41 CFA 237. [van Dijk 1510]
3 *Du … imitierst:* Das Epimythion verlängert ähnlich wie 39,3 f. einen Zweizeiler zum Tetrastichon.

42 CFA 283; ParaBodl 27. [van Dijk 583]

43 Aes. 74 (76); Phaedr. 1,12; Ps.-Dosith. 1; Aphth. 18; Tetr. 1,14; 2,11; Synt. 15; ParaBodl 34; La Fontaine 6,9. [van Dijk 658]
1 *Ein geweihtragender Hirsch …:* Man hat mehrfach versucht, aus dem Anfang der Fabel in Π_2 den ›ursprünglichen‹ Wortlaut zu rekonstruieren, aber den wenigen erhaltenen Buchstaben ist nicht einmal zu entnehmen, ob die von Schülerhand angefertigte Version zu Beginn Verse zitiert oder paraphrasiert.
16 *Wenn … Erwartungen:* Das Epimythion ist außer in A in Π_1 und Π_2, zwei von Schülern geschriebenen Texten, überliefert. Es folgt auf wörtliche Rede am Schluss einer Narration mit zahlreichen internen Wortbezügen und der Ringkomposition κεράστης (1) / κέρατα (15), ohne in vier Versen einen Wortbezug zum Haupttext herzustellen, ist also als später Zusatz verdächtig.

44 Themistios, *Reden* 278 C–279 A; Aphth. 16; Avian 18; Tetr. 1,11; Synt. 13; ParaBodl 36 (71). [van Dijk 1554]
7 *Wenn … Freunde:* Das Epimythion folgt auf eine Narration ohne wörtliche Rede am Schluss, wirkt aber nach der Ringkomposition μετ' ἀλλήλων (1) / ἀπ' ἀλλήλων (5) als Anhängsel. Es klingt extrem schulmeisterlich, doch natürlich kann man nicht ausschließen, dass Babrios gerade das hier gewissermaßen parodiert oder es mit seiner Formulierung ernst meint.

45 Aes. 6 (6); Tetr. 2,14; ParaBodl 37. [van Dijk 1039]

46 Synt. 20. [van Dijk 50]
9 *das zweite Krähenalter vollendet hätte:* Wörtlich: »Die zweite Krähe«. Nach antiker Auffassung lebt eine Krähe neun Menschenalter, der Hirsch vier Krähenalter.

47 Aes. 53 (53); Plutarch, *Über die Geschwätzigkeit* 511 C–D; ParaBodl 38. [van Dijk 857]

48 Vgl. van Dijk 706.
1 *ein viereckiger Hermes:* eine viereckige Hermesfigur aus Stein.
4 *salben:* Götterstatuen wurden gesalbt, und Ringer, deren Schutzgott Hermes war, rieben sich mit Öl ein, um dem Gegner entgleiten zu können.

49 Aes. 174 (184); ParaBodl 33. [van Dijk 545]

50 Aes. 22 (22); Phaedr. App. 28; ParaBodl 41. [van Dijk 1005]
17 *Gott des Eides:* Horkos, die Personifikation des Eides.

51 Aes. 212 (232); ParaBodl 39. [van Dijk 1502]

52 Aes. 45 (45); Tetr. 2,10; ParaBodl 32. [van Dijk 216]
7 *Es … würde:* Das in A, aber nicht in G überlieferte Epimythion folgt auf eine wörtliche Rede, und es fehlt ein Wortbezug zur Narration.

53 Aes. 159 (164); Tetr. 2,5; ParaBodl 31. [van Dijk 1490]

54 Vgl. van Dijk 837.
1 *Opferpriester:* Ein Seher, der seine Prophezeiung auf die Eingeweideschau stützt, in diesem Fall auf die Betrachtung der Leber eines Opfertiers.
über Kinder: D. h. über die Aussicht auf Kinder.

55 vgl. van Dijk 144.

56 Avian 14. [van Dijk 73]
3 *als eine gute Mutter:* »Gut« insofern, als sie auch ihr hässliches Kind an dem Wettbewerb teilnehmen lässt.

57 ParaBodl 40 (112). [van Dijk 108]
12 *wie ich aus eigener Erfahrung weiß:* Das las man früher als Aussage des realen Autors und schloss daraus, er habe selbst Araber gesehen, also im Orient gewohnt; Fabel 8 und 80 schienen das zu bestätigen. Es liegt aber zweifellos Beglaubigungsfiktion des Ich-Sprechers vor; das ergibt sich allein schon daraus, dass er seine Behauptung, ein ganzes Volk bestehe aus notorischen Lügnern, ausdrücklich für empirisch bewiesen, also ›wahr‹ erklärt (was wiederum sehr amüsant ist und offensichtlich auch sein soll).

58 Hesiod, *Werke und Tage* 59–105; ParaBodl 44 (123). [van Dijk 1068]
5 *es:* D. h. »das Gute« (v. 1).

59 Aes. 100 (102); Aristoteles, *Über die Teile der Lebewesen* 663a35–663b3; Lukian, *Hermotimos* 20; Athenaios 694 E; ParaBodl 43. [van Dijk 206]

60 Aes. 167 (177). [van Dijk 922]

61 Vgl. van Dijk 891.

62 Plutarch, *Gastmahl der Sieben Weisen* 150 A–B; CFA 285; ParaBodl 46. [van Dijk 176]

63 Aes. 110 (112). [van Dijk 1131]

64 Avian 19; CFA 263; ParaBodl 48 (101). [van Dijk 416]
6 *Wie kannst du …:* Luzzatto/La Penna machen aus den beiden im Wortlaut unterschiedlichen Versen, die die Handschriften A und G jeweils als v. 6 präsentieren, ihre Verse 6 und 7. Für den vorliegenden Text wurde allein die Lesart von G gewählt, aber zur Erleichterung der Orientierung die Verszählung von Luzzatto/La Penna übernommen.
12 *Jeder … Gefahren:* Das in A und G überlieferte Epimythion folgt auf wörtliche Rede, rundet aber wie 18,14–16 und 65,6–8 (vgl. auch 36,13 f.) eine Rangstreitfabel ab.

65 Avian 15; CFA 249; ParaBodl 47; Sachs GD 3, Nr. 81. [van Dijk 598]
1 *Es stritt …:* Es wird kontrovers diskutiert, ob dies der ursprüngliche Anfang der Fabel ist. Denn das byzantinische Lexikon *Suda* überliefert s. v. γέρανος (Kranich) folgende Babrios-Verse:

Λίβυσσα γέρανος ἠδὲ ταὼς εὐπήληξ
χλωρὴν ἀεὶ 'βόσκοντο λείμακος ποίην.
(Der libysche Kranich und der schöngehelmte Pfau
weideten stets grünes Wiesengras ab.)

Avians Fabel 15 wiederum, deren Prätext offensichtlich Babrios 65 ist, beginnt folgendermaßen:

Threiciam volucrem fertur Iunonius ales
communi socium continuisse cibo.
(Der junonische Vogel hielt den thrakischen Vogel, so wird erzählt,
von der Teilnahme am gemeinsamen Mahl fern.)

Daher vermuten einige Forscher (vgl. Vaio 2001 [s. S. 219], 94–99), Babrios' Fabel habe ursprünglich mit den in der *Suda* zitierten Versen begonnen und der Redaktor von A habe vv. 1–2a der von ihm überlieferten Version (unter Auslassung weiterer Verse) selbst verfasst, das Original also am Anfang gekürzt. Es wäre aber auch denkbar, dass Avian und der *Suda* eine von irgendjemandem erweiterte Fassung vorlag. Wer davon

ausgeht, dass A mit der alphabetischen Reihenfolge den Aufbau der ursprünglichen Sammlung bewahrt hat (s. Einführung S. 19 ff.), wird die zweite Möglichkeit bevorzugen.
7 *Ich … leben:* Das Epimythion folgt auf wörtliche Rede, rundet aber wie 18,14–16 und 64,12 f. (vgl. auch 36,13 f.) eine Rangstreitfabel ab. Außerdem ist es ausgesprochen amüsant.

66 Catull 22,21; Horaz, *Satiren* 2,3,298 f.; Phaedr. 4,10; Themistios, *Reden* 262b = CFA I 2, p. 152, Fabel 2; CFA 229; ParaBodl 50. [van Dijk 1305]

67 Phaedr. 1,5; Tetr. 1,41; ParaBodl 52 (207); La Fontaine 1,6. [van Dijk 586]
9 *Schätze … zusammen:* Das nur in A, nicht in G überlieferte Epimythion folgt auf wörtliche Rede und eine Narration mit dem rahmenden Wortbezug ἐκοινώνουν (1) / κοινωνός (7), setzt jedoch immerhin am Ende von v. 10 κοινώνει hinzu (vgl. aber 94,9 f.).

68 Aes. 104 (106); Tetr. 1,46. [van Dijk 101]
6: Der in V fehlende Vers der Handschrift A ist, da V in v. 5 eine bessere Lesart als A bietet, athetiert.

69 Vgl. van Dijk 704.

70 Theon, *Progymnasmata* 2; ParaBodl 51 (319). [van Dijk 1062]

71 Aes. 168 (178); ParaBodl 54. [van Dijk 1306]

72 Aes. 101 (103); Horaz, *Briefe* 1,3,18 f.; Phaedr. 1,3; Diogenes Laertios 6,80; Liban. 3; Aphth. 31; Theophyl. 1; Tetr. 1,29; ParaBodl 59; La Fontaine 4,9. [van Dijk 356; vgl. 1416]
16 *die Schwalbe als Athenerin:* zu 12,22. Die Athener galten als besonders redegewandt (zu 15,12).
21 *der Ephebe unter den noch kleinen Vögeln:* Offenbar spielt der Dichter darauf an, dass laut antiker Zoologie (Aristoteles, *Tiergeschichte* 614b 31–615a 14) Habichte ihre Jungen an unzugänglichen Plätzen aufziehen und diese erst dann in Erscheinung treten, wenn sie herangewachsen sind (vgl. Giangrande 1982 [s. S. 221]).

73 Julian, *Hassebart* 366 A; Aphth. 3; ParaBodl 55 (136). [van Dijk 1152]
1 *Die Gabelweihe …:* Die hier von Luzzatto/La Penna übernommene

Emendation von v. 1 ist nur eine Notlösung; die ganze Fabel ist möglicherweise nicht richtig überliefert.

74 Aes. 105 (107); ParaBodl 58. [van Dijk 708]

75 Ps.-Dosith. 7; Ausonius, Epigramm 4; ParaBodl 53 (133). [van Dijk 683]
4: Der Vers ist offensichtlich interpoliert (Hartung u. a.).
16a: In A ist v. 16 metrisch inkorrekt und wurde von mehreren Herausgebern mit Recht durch den aus ParaBodl 53 rekonstruierten v. 16a ersetzt.

76 ParaBodl 57 (142). [van Dijk 1146]

77 Aes. 124 (126); Horaz, *Satiren* 2,5,56; Phaedr. 1,13; Apuleius, *Über den Gott des Sokrates*, Prolog 6; Ps.-Dosith. 9; Aphth. 29; Tetr. 1,15; ParaBodl 61; La Fontaine 1,2. [van Dijk 616]

78 Romul. 23; CFA 288; ParaBodl 63. [van Dijk 1060]

79 Aes. 133 (136); Phaedr. 1,4; Ps.-Dosith. 11; Aphth. 35; Stobaios 3,10,68; Tetr. 1,9; Synt. 28; Rhet. Branc. 2; ParaBodl 66; La Fontaine 6,17. [van Dijk 723]

80 CFA 142. [van Dijk 478]
4 *Tanz:* In der *Suda*, die die Fabel zitiert (Π 3225; vgl. zu 65,1), steht πυρρίχην (Waffentanz), was aber keineswegs das ursprüngliche Wort sein muss.

81 Aes. 14 (14); Synt. 14. [van Dijk 967]

82 Aes. 146 (151); Tetr. 1,4; ParaBodl 65. [van Dijk 963]
8 *sondern …:* So der (emendierte) Vers in A. Die *Suda* (Π 3225; vgl. zu 65,1) zitiert ihn wie folgt: "χαίτην δ' ἔμελλε τὴν ἐμὴν καταισχύνειν" (»Nein, sie war dabei, mir die Mähne zu besudeln«). Das mag eher ansprechen, weshalb einige Ausgaben es vorziehen. Aber es kann sich um eine ›Verbesserung‹ des nicht leicht verständlichen Textes in A handeln.

83 ParaBodl 67 (140). [van Dijk 235]
1 *vertrank:* Obwohl diese Bedeutung für πίνειν (trinken) nicht belegt ist, muss das gemeint sein; offenbar verwendet Babrios das Verb scherzhaft mit innerem Objekt. Es besteht also kein Grund zu einer Ergänzung des

Textes, die auf der Prosaparaphrase (ParaBodl 67) fußt, zumal wieder einmal ein Tetrastichon (s. Einführung S. 32) vorliegen dürfte. Dass der Mann die Gerste ›trinken‹ konnte, weil er sie verkauft und dadurch das nötige Geld bekommen hatte, geht aus v. 4 klar hervor.

84 Aes. 137 (140); Romul. 92 (vgl. Romul. 84); Tetr. 1,50; Synt. 47; ParaBodl 70; Adem. 60. [van Dijk 444]

85 ParaBodl 86 (215). [van Dijk 735]

86 Aes. 24 (24); Horaz, *Briefe* 1,7,29–36; Dion Chrysostomos, *Rede* 47,20; Tetr. 1,27; ParaBodl 64; La Fontaine 3,17. [van Dijk 943]

87 Aes. 136 (139); Synt. 50; ParaBodl 68. [van Dijk 705]

88 Gellius, *Attische Nächte* 2,29,3–16 (nach Ennius, *Satiren*); Avian 21; La Fontaine 4,22. [van Dijk 535]
9 *Mutter:* Die Haubenlerche hat im Griechischen männliches Geschlecht, daher steht im Original die Entsprechung zu »Vater«.
15 *den Schnittern … ihren Lohn geben:* D.h. sie gegen Lohn anstellen.

89 Aes. 155 (160); Phaedr. 1,1; Tetr. 1,33; ParaBodl 83; La Fontaine 1,10. [van Dijk 1221]

90 Tetr. 1,38; ParaBodl 74 (212). [van Dijk 875]

91 Aes. 217 (242); Ps.-Dosith. 14; Avian 13; Romul. 90; Tetr. 1,32; Synt. 40; ParaBodl 72; Sachs GD 3, Nr. 9. [van Dijk 439]

92 Tetr. 1,26; ParaBodl 79 (93); La Fontaine 6,2. [van Dijk 1160]

93 Aes. 153 (158); Plutarch, *Demosthenes* 856 E; *Leben des Aisopos* 97; Liban. 1; Aphth. 21; Romul. 63; Isidor, *Etymologien* 1,40; ParaBodl 80 (218); Adem. 43. [van Dijk 752]

94 Aes. 156 (161); Phaedr. 1,8; Aphth. 25; Tetr. 1,30; ParaBodl 84; La Fontaine 3,9. [van Dijk 597]
9 *Wenn … erleiden:* Das Epimythion folgt auf wörtliche Rede sowie eine Narration mit der Ringkomposition μισθὸν (2) / μισθὸς (7) und wirkt

trotz der Wiederaufnahme von μισθὸν (9) eher wie ein später Zusatz (vgl. aber 67,9 f.).

95 ParaBodl 75 (199). [van Dijk 51]
21 *er lebt viele Jahre:* zu 46,9.
27 *Herr:* Im Griechischen ist der Hirsch wie hier meist weiblich.
51 *Hund:* Im griechischen Text Femininum, aber da der im Griechischen generell als Femininum verwendete Fuchs im Deutschen maskulin ist, wird hier angepasst.
61: Der Vers ist offensichtlich später hinzugefügt.
101 *Was für ein Herz …:* Das Herz wird hier als Sitz des Verstandes begriffen.

96 Aes. 98 (100); Tetr. 1,31; Synt. 17; ParaBodl 81. [van Dijk 1195]

97 Aes. 143 (148). [van Dijk 442]
2 *Göttermutter:* Kybele.
11 *Erkennungszeichen:* Offenbar eine Anspielung darauf, dass ein Gastgeber seinem Gast beim Abschied ein solches gab, z. B. ein Täfelchen, das, in zwei Teile zerbrochen, einer späteren Wiedererkennung dienen konnte.

98 Aes. 140 (145); Diodor 19,25,5 f.; Aphth. 7; ParaBodl 76. [van Dijk 642]

99 Vgl. van Dijk 806.

100 Phaedr. 3,7; Avian 37; Tetr. 1,3; CFA 294; La Fontaine 1,5. [van Dijk 710]

101 Vgl. van Dijk 964

102 Phaedr. 4,14 (Fragment; vgl. Romul. 70); ParaBodl 78 (195). [van Dijk 62]

103 Aes. 142 (147); Lucilius 1074–1083 Krenkel; Horaz, *Briefe* 1,1,74–76; Quintilian, *Unterweisung für den Redner* 5,11,20; Ps.-Dosith. 6; Aphth. 8; Themistios, *Reden* 174 C; Olympiodoros zu Platon, *Alkibiades* 122 B–124 A; Romul. 86; Tetr. 2,2; Synt. 37; ParaBodl 73; Adem. 59. [van Dijk 57]
15 *Fabeln:* Die im Goldenen Zeitalter gegebene Sprechfähigkeit der Tiere befähigt sie also, sich gegenseitig durch die Textsorte zu unterhalten, die der Dichter für seine Geschichten über sie gewählt hat. Nur Babrios erzählt dies in seiner Fassung der Fabel vom kranken Löwen und dem Fuchs.

104 Avian 7; ParaBodl 71 (186). [van Dijk 718]

105 ParaBodl 85 (227). [van Dijk 1241]

106 Vgl. van Dijk 962.

107 Aes. 150 (155); Ps.-Dosith. 2; Romul. 22; ParaBodl 77; Adem. 18. [van Dijk 1166]
12: Der Vers ist offensichtlich später hinzugefügt.

Buch 2

Titel Vgl. oben S. 201. In A steht zwischen 107 und dem zweiten Prolog Ἀρχὴ τοῦ β τμήματος (Anfang des zweiten Teils), was aber sicherlich nicht der ursprüngliche Titel von Buch 2 ist.

Prolog 7 *mit reinem Gold:* poetologische Metapher; s. Einführung S. 37.
8 *Mythiambos:* Zu diesem Begriff vgl. die Einführung S. 26. Der Titel »Mythiamben« könnte in Anlehnung an »Mimiamben« (aus Mimos + Iambos) geprägt sein, den Titel einer von Herondas in der zweiten Hälfte des 3. Jahrhunderts v. Chr. in Hinkiamben verfassten Sammlung dialogischer Szenen des kleinbürgerlichen Alltags. Solche zeigte ein Mimos normalerweise szenisch; hier handelt es sich um einen Lesetext wie bei den beiden Fabelbüchern des Babrios.
Schlachtross: Es erinnert einerseits an das geflügelte Dichterross Pegasos, andererseits dürfte es als Metapher für den »streitlustigen« Iambos stehen (s. Einführung S. 17), dem Babrios »Zügel anlegt«, statt, wie er in v. 14 sagt, dessen »Zähne zu schärfen«.
10 *andere:* Gemeint sind offenbar Rivalen innerhalb der Gattung. Sie können real existiert haben, es ist aber auch daran zu denken, dass Babrios ihre Tätigkeit als Negativfolie für die eigene Größe lediglich fingiert.
11 *Rätseln:* Ist allegorische ›Verrätselung‹ von Fabeln gemeint, die es dann bei Babrios nicht gäbe? Für Mann 2018 (s. S. 221) ist Prolog 1 ein ›puzzle‹, dessen nicht allzu schwierige Lösung dem Leser das Verständnis der Fabeln erschließt.
15 *geglättet:* zu Prolog 1,19.
16 *dieses Buch als das zweite:* Dazu s. Einführung S. 10.

108 Horaz, *Satiren* 2,6,79–117; Ps.-Dosith. 16; Aphth. 26; Romul. 15; ParaBodl 94; Adem. 13. [van Dijk 876]

109 Aphth. 11; Avian 3; Tetr. 1,34; ParaBodl 91 (151); Sachs GD 3, Nr. 224; La Fontaine 12,10. [van Dijk 592]

110 Vgl. van Dijk 715.
3 *Die aber hob den Schwanz vom Arsch hoch:* Das könnte eine Anspielung auf eine besondere Art des Verhältnisses zwischen Herr und Hündin sein, wie zumindest Petron, *Satyrische Geschichten* 43,8 nahelegt. Dort heißt es von einem gerade im Alter von über siebzig Jahren Verstorbenen, er sei »bis zuletzt … geil (*salax*)« gewesen: »Beim Herkules, der hat, glaube ich, im Haus auch seine Hündin nicht ausgelassen“ (*non mehercules illum puto in domum canem reliquisse*).

111 Aes. 180 (191); Tetr. 1,57; ParaBodl 92; La Fontaine 2,10. [van Dijk 192]
8 *das Salz:* Offenbar war ein Rest übrig; dem widerspricht freilich »wieder alles (ὅλους) Salz« in v. 12. Aber rechtfertigt das die Emendation von ὅλους zu γόμους (Last)?

112 Avian 31. [van Dijk 445]

113 Tetr. 2,27; ParaBodl 89 (317). [van Dijk 697]

114 ParaBodl 90 (232). [van Dijk 1223]

115 Aes. 230 (259); Phaedr. 2,6; Avian 2; Tetr. 1,40. [van Dijk 571]

116 Vgl. van Dijk 404.

117 ParaBodl 95 (48). [van Dijk 78]

118 Aes. 227 (255); Tetr. 1,56; ParaBodl 96. [van Dijk 542]

119 *Anthologia Graeca* 16,187; CFA 284; ParaBodl 97. [van Dijk 1117]

120 Aphth. 24; Avian 6; CFA 287; Tetr. 2,29; ParaBodl 113; Sachs GD 1, Nr. 149 = KG 5, S. 86–88, GD 5, Nr. 764 und GD 2 Nr. 382 = KG 23, S. 441. [van Dijk 54]

121 Aes. 7 (7); Plutarch, *Über Bruderliebe* 490 C; Tetr. 1,16; 2,24; ParaBodl 111. [van Dijk 500]

122 Aes. 187 (198); Aphth. 9; Tetr. 1,21; Romul. 52; ParaBodl 106; La Fontaine 5,8. [van Dijk 196]

123 Aes. 87 (89); Avian 33; Tetr. 1,37; Synt. 27; ParaBodl 112 (287); Sachs GD 3, Nr. 80; La Fontaine 5,13. [van Dijk 1070]

124 Vgl. van Dijk 302.

125 Vgl. van Dijk 143.

126 ParaBodl 98 (259). [van Dijk 1233]

127 ParaBodl 105 (126). [van Dijk 1122]
1 *Zeus … schreibe:* Den in der Handschrift fehlenden Anfang der Fabel ersetzt hier gewissermaßen provisorisch der erste Satz in ParaBodl 105.

128 Xenophon, *Erinnerungen an Sokrates* 2,7,13 f. [van Dijk 719]

129 Aes. 91 (93); Galen, *Gegen Julian* 8; Romul. 21; Adem. 17. [van Dijk 175]
14 *ihn:* D. h. den Herrn.

130 Vgl. van Dijk 1001.
8 *brachte er …:* Der Mechanismus der Falle lässt sich nicht rekonstruieren.

131 Aes. 169 (179); Tetr. 2,4. [van Dijk 1531]
4 *seine Hand:* D. h. seine würfelnde Hand.

132 Avian 42; CFA 168. [van Dijk 1218]

133 ParaBodl 108 (280). [van Dijk 147]

134 Plutarch, *Agis* 796 A (= CFA 291); ParaBodl 116 (288). [van Dijk 1506]

135 CFA 261. [van Dijk 1410]

136 ParaBodl 135 (295); Sachs GD 6, Nr. 430a, nach Sebastian Brant, *Additiones* Nr. 62 – der lateinische Text ist mit dem der Fabel 32 in der Übersetzung von 33 Prosa-Aesopica identisch, die Lorenzo Valla 1438 verfasste –, übersetzt von Johannes Adelphus Muling (in der Neuauflage von Steinhöwels *Esopus* [s. S. 43], Straßburg 1508 u. ö.); La Fontaine 8,16 (s.o. S. 44). [van Dijk 401]
16 *Warum also …:* Der Rest der Fabel ist nur fragmentarisch überliefert, aber das Ende der Handlung ist erkennbar.
23 *Was … entgehen:* So sind die beiden Verse des Epimythions nur im *Etymologicum Magnum* überliefert, in dem (hier einzig erhaltenen) Π_2 von Schülerhand dagegen lediglich in Wortresten. Ein Wortbezug zur Narration ist darin nicht erkennbar.

137 Aes. 2 (2); Aphth. 19; Tetr. 1,55; Synt. 9; ParaBodl 110; La Fontaine 2,16. [van Dijk 543]
4 *hielt sich … fest:* Sie verfängt sich in der Wolle, wird von dem Schafhirten gefangen und von ihm seinen Kindern geschenkt.

138 Tetr. 2,30; CFA 205; Synt. 26; ParaBodl 122 (300). [van Dijk 304]

139 Aes. 188 (199); Aphth. 10; Themistios, *Rede* 21, 245 B; Avian 5; Tetr. 1,19; 2,23; ParaBodl 99; Sachs GD 1, Nr. 21; La Fontaine 5,21. [van Dijk 41]

140 Aphth. 1; Avian 34; Romul. 93; Theophyl. 2; Tetr. 1,6; 2,25; CFA 114 Ib; Synt. 43; Rhet. Branc. 1; ParaBodl 146 (336); Adem. 56; La Fontaine 1,1. [van Dijk 83]

141 Aes. 164 (173); Phaedr. 4,1. [van Dijk 189]
1 f.: Die vv. 1–9 sind in Natalis Comes, *Mythologia* IX. Frankfurt [2]1581, p. 633 überliefert. Da alle mit Gamma beginnenden Fabeln in A (s. Einführung S. 19 ff.) überliefert sein dürften, sind im Text der vorliegenden Ausgabe v. 1 und 2 vertauscht.
9 *der Rheia? …:* Vermutlich wurde wie in Phaedr. 4,1 erzählt, dass der Esel aufgrund der schlechten Behandlung durch die Galloi starb, sie aus seiner Haut Felle für ihre Tympana machten und auf die Frage, was aus dem Tier geworden sei, antworteten, es werde nun noch mehr geschlagen.

142 ParaBodl 5; vgl. Romul. 64; Adem. 44. [van Dijk 1377]

143 Aes. 176 (186); Phaedr. 4,20; Tetr. 1,17; Synt. 25; ParaBodl 42. [van Dijk 1508]

144 Synt. 45. [van Dijk 1263]
1 f.: Die Fabel ist nur in G (s. Einführung S. 12) überliefert und kann Babrios nicht zweifelsfrei zugewiesen werden. Unter der Voraussetzung, dass sie von ihm stammt, sind hier mit Luzzatto v. 1 und 2 vertauscht, da alle mit Iota beginnenden Fabeln in A stehen dürften.
5–9: Unverständliche Wortfetzen. Syntipas 45 erzählt, das frischgeborene Fohlen – es spricht hier offensichtlich – habe zu dem Reiter gesagt, es werde sterben, wenn er es liegenlasse, nehme er es aber mit, werde es wachsen und er könne dann auf ihm reiten.

BIBLIOGRAPHIE

Bibliographien

Carnes, P.: Fable Scholarship: An Annotated Bibliography. New York/London 1985 (Garland Folklore Bibliographies 8 = Garland Reference Library of the Humanities 367).

Holzberg, N.: Babrios. Eine Bibliographie. München 2018 [http://www.niklas-holzberg. com/Homepage/Bibliographien.html].

Ausgaben, Kommentare, Übersetzung, Konkordanz

Crusius, O. (Hg.): Babrii fabulae Aesopeae. Accedunt fabularum dactylicarum et iambicarum reliquiae. Ignatii et aliorum tetrasticha iambica rec. a C. F. Mueller. Leipzig 1897 (Bibliotheca Teubneriana).

Luzzatto, M. J./A. La Penna (Hgg.): Babrii Mythiambi Aesopei. Leipzig 1986 (Bibliotheca Teubneriana).

Perry, B. E. (Hg.): Aesopica. A Series of Texts Relating to Aesop or Ascribed to Him or Closely Connected with the Literary Tradition That Bears His Name. Collected and Critically Edited, in Part Translated from Oriental Languages, with a Commentary and Historical Essay. I: Greek and Latin Texts. Urbana, Illinois 1952; Nachdruck New York 2007.

– (Hg.): Babrius and Phaedrus. Fables. Cambridge, MA/London 1965 (The Loeb Classical Library).

Rutherford, W. G.: Babrius. Edited with Introductory Dissertations, Critical Notes, Commentary and Lexicon. London 1883 (Scriptores fabularum Graeci 1).

Vaio, J.: The Mythiambi of Babrius: Notes on the Constitution of the Text. Hildesheim 2001 (Spudasmata 83).

Irmscher, J. (Übers.): Antike Fabeln. Griechische Anfänge. Äsop. Fabeln in römischer Literatur. Phaedrus. Babrios. Romulus. Avian. Ignatios Diakonos. Berlin/Weimar 1978 (Bibliothek der Antike); Nachdruck Köln 2011.

Martín García, F./A. Róspida López: Index Mythiamborum Babrii. Hildesheim/Zürich/New York 1990 (Alpha-Omega Reihe A 116).

Zur Gattung Fabel

(zu den Ausgaben und Übersetzungen der Fabeln anderer Autoren s. S. 199 f.)

Adrados, F. R.: History of the Graeco-Latin Fable. I: Introduction and from the Origins to the Hellenistic Age; II: The Fable During the Roman Empire and in the Middle Ages; III: Inventory and Documentation of the Graeco-Latin Fable. Leiden/Boston/Köln 1999–2003 (Mnemosyne Supplementum 201. 207. 236).

Dijk, G.-J. van: ΑΙΝΟΙ, ΛΟΓΟΙ, ΜΥΘΟΙ. Fables in Archaic, Classical and Hellenistic Greek Literature. With a Study of the Theory and Terminology of the Genre. Leiden/New York/ Köln 1997 (Mnemosyne Supplementum 166).

Holzberg, N.: Die antike Fabel. Eine Einführung. Darmstadt [3]2012 = The Ancient Fable: An Introduction. Translated by C. Jackson-Holzberg. Bloomington/ Indianapolis 2002.

Kurke, L.: Aesopic Conversations: Popular Tradition, Cultural Dialogue, and the Invention of Greek Prose. Princeton 2011.

Morgan, T.: Popular Morality in the Early Roman Empire. Cambridge 2007.

Nøjgaard, M.: La fable antique. I: La fable grecque avant Phèdre; II: Les grands fabulistes. København 1964–1967.

Untersuchungen zu den Fabeln des Babrios

Becker, M.: Gefälschtes *fabula docet* in der Fabeldichtung des Babrios, Rheinisches Museum 149, 2006, 168–184.

Crusius, O.: De Babrii aetate, Leipziger Studien zur classischen Philologie 2, 1879, 125–248.

– Babrios, in: Real-Encyclopädie der classischen Altertumswissenschaft II 2, 1896, 2655–2667.

Dunsch, B.: *Nolo acerbam sumere*. Phaedrus' Fabel vom Fuchs und der Traube, Der Altsprachliche Unterricht 56.3, 2013, 36–40.

Ficus, M.: Über den Bau des griechischen Choliambus, insbesondere über den des babrianischen Mythiambus, in: A. Rossbach/R. Westphal: Theorie der musischen Künste der Hellenen. III 2: Specielle griechische Metrik. Leipzig 1889 = Cambridge 2013, 808–848.

Gärtner, U.: Phaedrus. Ein Interpretationskommentar zum ersten Buch der Fabeln. München 2015 (Zetemata 149).

Gera, D. L.: Ancient Greek Ideas on Speech, Language, and Civilization. Oxford 2003, 19–22.

Giangrande, G.: Three Passages of Greek Poets, in: Ders. (Hg.): Corolla Londiniensis 2. Amsterdam 1982 (London Studies in Classical Philology 8), 69–79.

Hawkins, T.: Iambic Poetics in the Roman Empire. Cambridge/New York 2014.

Hunter, R.: Hesiodic Voices: Studies in the Ancient Reception of Hesiod's Works and Days. Cambridge 2014, 227–236.

Immisch, O.: Babriana, Rheinisches Museum für Philologie 79, 1930, 153–169.

Küppers, J.: Zu Eigenart und Rezeptionsgeschichte der antiken Fabeldichtung, in: E. Koensgen (Hg.): *Arbor amoena comis.* 25 Jahre Mittellateinisches Seminar in Bonn. 1965–1990. Stuttgart 1990, 23–33.

Luzzatto, M. J.: La cultura letteraria di Babrio, Annali della Scuola Normale Superiore di Pisa 5, 1975/76, 17–97.

– Fra poesia e retorica: la clausola del "coliambo" di Babrio, Quaderni Urbinati di Cultura Classica 48, 1985, 97–127.

– Babriana, Prometheus 15, 1989, 269–280.

Mann, K.: The Puzzle in Babrius' Prologue, Greek, Roman, and Byzantine Studies 58, 2018, 253–278.

Seibold, S.: Von verliebten Wieseln und scharrenden Hühnern. Aphrodite in der antiken Fabel (Aes. 50; Babrios 32 und 10; Phaedr. App. 11), Rheinisches Museum für Philologie 159, 2016, 290–315.

Überlieferung und Rezeption

Cockle, W. E. H.: O.Claud 409–416: School Exercises, Verse and Prose. 413. Aesopic Fable and Apophthegm of Diogenes Cynicus, in: J. Bingen [et alii]: Mons Claudianus. Ostraca Graeca et Latina 2. Kairo 1997, 263–265.

Crusius, O.: Fabeln des Babrius auf Wachstafeln aus Palmyra, Philologus 53, 1894, 228–252.

Dicke, Gerd: Heinrich Steinhöwels ›Esopus‹ und seine Fortsetzer. Untersuchungen zu einem Bucherfolg der Frühdruckzeit. Tübingen 1994 (Münchener Texte und Untersuchungen zur deutschen Literatur des Mittelalters 103).

Dijk, G.-J. van: The (Pseudo-)Ignatius Tetrastichs: Byzantine Fables »D'une élégance laconique«, Reinardus 9, 1996, 161–178.

Grenfell, B. P./A. S. Hunt: XXVI. Babrius Fables, in: The Amherst Papyri. II: Classical Fragments and Documents of the Ptolemaic, Roman, and Byzantine Periods. London 1901, 26–29.

– 1249. Babrius, *Fables*, in: The Oxyrhynchus Papyri. Part XI. London 1914, 133–135.

Hesseling, D. C.: On Waxen Tablets with Fables of Babrius (Tabulae ceratae Assendelftianae), The Journal of Hellenic Studies 13, 1892/93, 293–314.

Holzberg, N.: *Im Esopo ich lase* … Hans Sachs und der *Esopus* von Steinhöwel, Brant und Adelphus Muling. Göttingen 2019 (Neue Perspektiven der Frühneuzeitforschung 2).

Husselmann, E. M.: A Lost Manuscript of the Fables of Babrius, Transactions and Proceedings of the American Philological Association 66, 1935, 104–126.

Ihm, M.: Eine lateinische Babriosübersetzung, Hermes 37, 1902, 147–151.

Jouguet, P./P. Pedrizet: Le Papyrus Bouriant n° 1. Un cahier d'écolier grec d'Égypte, Studien zur Palaeographie und Papyruskunde 6, 1906, 148–161.

Knöll, P. (Hg.): Fabularum Babrianarum paraphrasis Bodleiana. Wien 1877; Nachdruck London 2018.

– Neue Fabeln des Babrius, Sitzungsberichte der Akademie der Wissenschaften in Wien, philosophisch-historische Klasse 91,18, 1878, 659–690.

– Zum Codex Athous und zum ersten Prooemium des Babrios, Wiener Studien 3, 1881, 184–195.

– Die Athoshandschrift des Babrios, Wiener Studien 31, 1909, 200–210.

Küppers, J.: Die Fabeln Avians. Studien zur Darstellung und Erzählweise spätantiker Fabeldichtung. Bonn 1977 (Habelts Dissertationsdrucke. Reihe Klassische Philologie 26).

Vaio, J.: A New Manuscript of Babrius: Fact or Fable?, Illinois Classical Studies 2, 1977, 173–183.

– Another Forgery from the Pen of Mynas? (Paris suppl. gr. 1245), in: G. Giangrande (Hg.): Corolla Londiniensis. Amsterdam 1981 (London Studies in Classical Philology 8), 113–127.

– Babrius and the Byzantine Fable, in: F. Rodríguez Adrados/O. Reverdin (Hgg.): La fable. Huit exposés suivis de discussion. Vandoeuvres/Genève 1984 (Entretiens sur l'Antiquité Classique 30), 197–224.

NAMEN UND BEGRIFFE

achaiisch (achäisch): Adjektiv zu Achaia, der nördlichsten Landschaft auf der Peloponnes.
Aisopos (Äsop): Vgl. Einführung S. 14.
Akarnanen: Bewohner der Landschaft zwischen Epeiros und Aitolien.
Alexandros, König: Vgl. Einführung S. 24.
Alkmene: Gattin des Thebaners Amphitryon und Mutter des Herakles von Zeus.
Amaltheia: Ziege, die den auf Kreta versteckten Säugling Zeus ernährt; er macht eines ihrer Hörner zum Füllhorn (*cornucopia*), das alles Gute enthält.
Aphrodite: Die Göttin der Liebe.
Apollon: Der Gott der Dichter und Sänger, der Weissagung und der Heilkunst, herausragend auch als Bogenschütze.
Ares: Der Kriegsgott.
Athene: Die Göttin der Weisheit.
Attis: Junger Athener, der sich selbst kastriert, um Anhänger der Kybele zu werden.

Belos: Griechische Form des Namens »Baal«, einer syrischen Gottheit.
Boreas: Der personifizierte Nordwind.
Branchos: Vgl. Einführung S. 24.

Demeter: Die Göttin des Ackerbaus.
Demos: Bürgerschaft, Gemeinde.
Doloper: Volk in Thessalien.

Ephebe: Herangewachsener junger Mann.
Eros: Der Liebesgott.

Galloi: Die kastrierten Priester der Kybele.

Hades: Die Unterwelt.
Helios: Der Sonnengott.
Herakles: Einer der bekanntesten Helden des griechischen Mythos; er wird nach seinem Tod zum Gott.
Hermes: Der Gott der Kaufleute, der Diebe und Ringkämpfer sowie der Geleiter der Toten in die Unterwelt.

Heros: Halbgott.

Hesperos: Der Abendstern, der einen Garten am Westende der Welt besitzt; darin hüten die Hesperiden die goldenen Äpfel, die den Göttern die ewige Jugend gegeben haben.

Hybris: Der personifizierte Hochmut; das Wort kann auch eine Gewalttat bezeichnen.

Iamben: Vgl. Einführung S. 17 und 26.

Iris: Die Götterbotin.

Itys: Sohn des Tereus und der Prokne, die ihn ihrem Mann zum Mahl vorsetzt, weil dieser ihre Schwester Philomela vergewaltigt hat. Diese wird in die Nachtigall, Prokne in die Schwalbe und Tereus in den Wiedehopf verwandelt.

kameiraiisch (kameiräisch): Zu Kameiros, einer Stadt auf Rhodos, die für ihre Feigen bekannt war.

Kore: Persephone, die Gattin Plutons; wörtlich »das Mädchen« (als Tochter Demeters).

Kybele: die phrygische Mutter der Götter.

Kybisses: Nicht identifizierbarer Fabeldichter.

Kypris: Beiname der Aphrodite nach der Insel Kypros, auf der sie besonders verehrt wurde.

Kypros: Zypern.

Lethe: Fluss in der Unterwelt, aus dem die Toten Vergessen trinken.

Lochen: Zu *lóchos*, einer Schar von Fußvolk oder Reitern.

Molosser: Volk im Westen der Peloponnes, wo eine bekannte Hunderasse gezüchtet wurde.

Momos: Der Gott des Tadels.

Muse: Eine der neun Musen, der Inspirationsgöttinnen u. a. für Dichter.

Mythiambos: Vgl. Einführung S. 26.

Nemesis: Die Rachegöttin.

Nike: Die Siegesgöttin.

Ninos: Mythischer (Mit-)Gründer von Ninive, der Hauptstadt des assyrischen Reiches (18./17. Jh. v. Chr.).

Olymp: Berg in Thessalien, auf dem die Götter wohnen.

Orion: Mythischer Jäger, der als Sternbild an den Himmel versetzt wird.

Paieon: Attisch *Paian*; Beiname Apollons in seiner Funktion als Heilgott.
Pallas: Beiname Athenes.
Pan: Der Gott der Hirten.
Phalangen: Zu *phálanx*, einer Schlachtreihe.
Phoibos: Beiname Apollons.
Pleiaden: Sieben Töchter des Atlas und der Pleione, die, an den Himmel versetzt, das Siebengestirn bilden.
Pluton: Der Unterweltsherrscher.
Polemos: Der personifizierte Krieg.
Poseidon: Der Gott der Meere.
Pygmäen (Pygmaioi): Laut Homer, *Ilias* 3,3–6 am Okeanos-Fluss lebendes Volk, dem die Kraniche im Winter Verderben bringen.

Rheia: Gattin des Kronos und Mutter des Zeus, des Hades, Poseidons, Heras, Demeters und Hestias. Sie wird mit der Göttermutter Kybele gleichgesetzt.
Rotes Meer: Der Indische Ozean, insbesondere der Arabische und Persische Golf. Der Orient galt als besonders reich.

tanagräisch: Zu Tánagra, einer Stadt in Böotien.
Theben: In 131,5 die ägyptische, nicht die boiotische Stadt.
Theseus: Mythischer König von Athen und attischer Nationalheros, der im Gegensatz zu Herakles nicht unter die Götter versetzt wird.
Thrakien: Landschaft in NO-Griechenland.
Tyche: Die Schicksalsgöttin (lat. Fortuna).
Tympanon: Handpauke, die im Kybele-Kult verwendet wird.

Zeus: Der oberste Gott.

FABELINDEX